格言联璧

[清]金缨·著
吴茹芝·编译

插图精译

陕西新华出版 三秦出版社

图书在版编目（CIP）数据

格言联璧 /（清）金缨著 ; 吴茹芝编译. -- 2 版
西安 : 三秦出版社，2008.04（2024.1 重印）
（国学百部文库）
ISBN 978-7-80628-544-2

Ⅰ. ①格… Ⅱ. ①金… ②吴… Ⅲ. ①格言—汇编—中国—古代 Ⅳ. ① H136.3

中国版本图书馆 CIP 数据核字 (2008) 第 036249 号

书　　名　格言联璧
作　　者　[清] 金缨 著　吴茹芝 编译
责　　编　高峰等
封面设计　新华智品

出版发行　三秦出版社
社　　址　西安市雁塔区曲江新区登高路 1388 号
电　　话　（029）81205236
邮政编码　710061
印　　刷　北京一鑫印务有限责任公司
开　　本　680×1020　1/16
印　　张　9
字　　数　71 千字
版　　次　2008 年 4 月第 2 版
印　　次　2024 年 1 月第 2 次印刷
标准书号　ISBN 978-7-80628-544-2

定　　价　39.80 元
网　　址　http://www.sqcbs.cn

前 言

《格言联璧》，又名《格言合璧》，是一部格言书。作者金缨，字兰生，清朝后期生于浙江山阴一个颇为富有的书香之家。

《格言联璧》将流传于世的格言，分为学问、存养、持躬、摄生、敦品、处事、接物、齐家、从政、惠言、悖凶等11类，可以说是一座包罗万象的格言宝库。这些富赡充物、雕镂璀璨的格言警世醒心，教诲启迪人们求真、向善、趋美，是古人心灵美的结晶。

这些格言绝大多数都形成工稳的对偶句。骈偶句式，结构整齐，易诵易记，读来琅琅上口。语言准确朴实，含义明晰深沉，极少用典，可称为雅俗共赏的醒世恒言，令人玩味不尽。

《格言联璧》曾被其跋者称为“本世事为学问”。意思是说此书是从社会生活的实践入手，从人情世故中探索正确适用的生存之道。无论什么人，无论遇到什么事，阅读此书都将受到启迪和激励。

本次编译的《格言联璧》是文白对照全译。为了保持格言的语言特色，译文尽量保持原书语式整齐对偶的特点。而在译文中力求把原格言的内容全面、准确而通俗地表达出来。由于水平有限，不尽如人意之处敬请广大读者谅解。

编　者

2008 年 8 月

目　录

学 问 类

【原文】

古今来许多世家，无非积德；
天地间第一人品，还是读书。

【译文】

古往今来大多数的名门大家，无不是因为积德而造就；天地之间第一等的好人品，归根还是由读书培养。

【原文】

读书即未成名，究竟人高品雅；
修德不期获报，自然梦稳心安。

【译文】

刻苦读书，即使未能功成名就，但最终也会使人格高尚、品行优雅；修德做好事，却不希图他人报答，时时都能恬然自安，饱食酣眠。

【原文】

为善最乐，读书便佳。

【译文】

做善事，帮助别人，最能令人快乐；好读书，认真读书，最能让品格提高。

【原文】

诸君到此何为，岂徒学问文章，
擅一艺微长，便算读书种子；
在我所求亦恕，不过子臣弟友，
尽五伦本分，共成名教中人。

【译文】

各位来到这里为的是什么，难道只是为了谋求学问、学写文章，具有一种技艺与特长，便可以算得上是读书成才之人了吗？我对所追求的也不过分计较，不过就是为子为臣为弟为友，尽到五种人伦的职责，共同成为恪守礼教的正人君子。

【原文】

聪明用于正路，愈聪明愈好，
而文学功名益成其美；
聪明用于邪路，愈聪明愈谬，
而文学功名适济其奸。

【译文】

如果将聪明用在正道上，那便是越聪明越好，文才名声也会促进他事业不断地发展壮大；但若将聪明用在邪路上，那便是越聪明越糟糕，文才名声恰巧成了他作奸犯科的帮凶。

【原文】

战虽有阵，而勇为本。
丧虽有礼，而哀为本。
士虽有学，而行为本。

【译文】

两方交战，虽然各方都有强大的阵列，但还是以单个士兵作战勇猛为根本。操办丧事，虽然礼数周全一切按规矩办，但亲者的伤痛才是最关键的。文人儒士，即便是学富五车，但美好的品行才是为人的根本。

【原文】

飘风不可以调宫商，
巧妇不可以主中馈，
文章之士不可以治国家。

【译文】

飘摇的风不一定能够奏出美好的音乐，心灵手巧的妇人未必能够主持好饮食家务，出口成章的饱学之士不见得就可以治理好国家。

【原文】

经济出自学问，经济方有本源；
心性见之事功，心性方为圆满。
舍事功更无学问，求性道不外文章。

【译文】

治理国家、匡正时世需要有广博的学问，这样才有不竭的源泉；修心养性的成果体现在建立功业上，这样它才算得上完满。除了建功立业之外，世上没有真正的学问，想要获得修身养性的方法，那就到圣贤文章中去找吧！

【原文】

何谓至行，曰庸行；何谓大人，曰小心。
何以上达，曰下学；何以远到，曰近思。

【译文】

什么是最好的行为？即认真做好日常的每一件事；什么人是品德高尚的人？即谨言慎行之人；怎样才算是通晓德义而努力做事？惟有不耻下问，虚心学习；如何才能实现远大的抱负？只有对当前的问题深思熟虑。

【原文】

竭忠尽孝，谓之人。治国经邦，谓之学。
安危定变，谓之才。经天纬地，谓之文。
霁月光风，谓之度。万物一体，谓之仁。

【译文】

能够做到竭尽忠孝，才能称为人。能够做到治国安邦，才称得上有学问。能够安定局势、摆平变故，才称得上有才能。能够编织天地事物，才能算得上有文才。心胸开阔、做事坦荡，才能称得上有君子风度。只有与万物融为一体、合乎自然之道，才能算得上有仁心。

【原文】

以心术为本根，以伦理为桢干，以学问为菑畲，
以文章为花萼，以事业为结实，以书史为园林，
以歌咏为鼓吹，以义理为膏粱，以著述为文绣，
以诵读为耕耘，以记问为居积，
以前言往行为师友，以忠信笃敬为修持，
以作善降祥为受用，以乐天知命为依归。

【译文】

以心术为根本，以伦理为树干，以学问为良田，以文章为花萼，以事业为果实，以书籍史料为园林，以歌咏为音乐，以义理为食物，以著述为彩绣，以读诵为耕耘，以研讨学识为累积，以先贤的言行为师友，以忠信笃敬为修炼的准则，以行善降祥为享受，以乐天知命为最终的目标。

【原文】

凛闲居以体独，卜动念以知几，谨威仪以定命，
敦大伦以凝道，备百行以考德，迁善改过以作圣。

【译文】

一个人独处时应该更加注意自己的行为，心思稍微一动就要理解它所预示的意念，注意自己的形象仪表才能把握自己的命运，遵守人伦道德以成圣贤，谨慎各种行为以成就德行，怀有向善之心不断改正自己的不足以成贤良。

【原文】

收吾本心在腔子里，是圣贤第一等学问；
尽吾本分在素位中，是圣贤第一等工夫。

【译文】

将本真仁心保存在自己心中，是圣贤的最高学问；尽心竭力地做生活中的每一件事，是圣贤的最高功夫。

【原文】

万理澄澈，则一心愈精而愈谨；
一心凝聚，则万理愈通而愈流。

【译文】

明白万物的发展规律则心就能越来越清楚而专一，心能专一则万物就能越来越通达流畅。

【原文】

宇宙内事，乃己分内事；己分内事，乃宇宙内事。

【译文】

如若能将宇宙万物的事当做自己的事，那么自己的事也就是宇宙万物的事了。

【原文】

身在天地后，心在天地前；
身在万物中，心在万物上。

【译文】

身虽产生于天地万物产生之后，心却想在天地万物产生之前；身虽处于天地万物凡尘杂世之中，心却飘浮于天地万物之上。

【原文】

观天地生物气象，学圣贤克己工夫。

下手处是自强不息，成就处是至诚无息。

【译文】

观察天地运转、万物生存的景象，学习古圣先贤克守本心、修身养性的功夫。表现在行动上就是自力更生、永不放弃，表现在成果上就是诚然如此、自然而然。

【原文】

以圣贤之道教人易，以圣贤之道治己难。

以圣贤之道出口易，以圣贤之道躬行难。

以圣贤之道奋始易，以圣贤之道克终难。

圣贤学问是一套，行王道必本天德；

后世学问是两截，不修己只管治人。

【译文】

拿圣贤的道理教育别人很容易，但是自己亲身实践却是不容易的事。圣贤之道出之于口很容易，但要身体力行就不容易了。修炼圣贤之道开始的时候还挺容易，但要坚持下来就很难。圣贤的道理必须与实践相结合，就像行仁政必源于仁德的本性。后代则相反，学问与实践根本是两套完全不统一的东西，圣贤之道完全沦为于己的口号和于他人的规矩。

【原文】

口里伊周，心中盗跖，

责人而不责己，名为挂榜圣贤；

独凛明旦，幽畏鬼神，

知人而复知天，方是有根学问。

【译文】

满口仁义道理，但内心却充满邪念，只要求别人而不严格要求自己，这种人称为“挂榜圣贤”；独怕悖逆之举为世人所见，敬神畏鬼，知人事又知天理，这才是实际的学问。

【原文】

无根本底气节，如酒汉殴人，
醉时勇，醒来退消，无分毫气力；
无学问底识见，如庖人炀灶，
面前明，背后左右，无一些照顾。

【译文】

没有根本的气节，就好像醉汉喝醉酒打人，酒醉时很勇敢，酒醒后勇气全消，没有一点力气；没有以学问为根本的见识，就好像厨师在炉灶前面，面前光亮而背后黑暗。

【原文】

理以心得为精，故当沉潜，
不然，耳边口头也；
事以典故为据，故当博洽，
不然，臆说杜撰也。

【译文】

事理以心中的领会为条件方可准确，所以应当沉着稳重，不然就成了口头耳边的琐碎小事，不值得挂怀；事理要以典故为依据，因此必须要有广博的学问，否则就成了随意推测和缺乏根据的编造。

【原文】

只有一毫粗疏处，便认理不真，所以说惟精，
不然，众论淆之而必疑；
只有一毫二三心，便守理不定，所以说惟一，
不然，利害临之而必变。

【译文】

只要有一丝一毫的疏漏，就不能准确地认识事理，因此说，惟有准确才行。否则，人多口杂、众说纷纭，产生疑惑势成必然。只要有一丁点的三心二意，便不能坚守事理，故而必须专心。否则，在利害面前必定会经不起考验。

【原文】

接人要和中有介，处事要精中有果，认理要正中有通。

【译文】

对待他人要和气且耿直，处理事情要明白而果断，识理要公正无私且通达权变。

【原文】

在古人之后，议古人之失，则易；
处古人之位，为古人之事，则难。

【译文】

生在古人之后的人，议论古人的得失优劣是容易的；可是若设身处地站在古人所在的位置上，做古人所做的事就很困难了。

【原文】

古之学者，得一善言，附于其身；
今之学者，得一善言，务以悦人。

【译文】

古时候的学者得到赞许，更要全身心地去做事；而现今的学者得到赞许，想的就是如何取悦别人。

【原文】

古之君子，病其无能也，学之；
今日君子，耻其无能也，讳之。

【译文】

古代的学者，为自己才学不高而担忧，故而潜心学习，以求完善自我；现在的文士，为自己才学不高而感到羞愧，故而极力隐藏自己的缺点，以防他人知道而批评或嘲笑自己。

【原文】

眼界要阔，遍历名山大川；
度量要宏，熟读五经诸史。

【译文】

要想眼界开阔，必须游历名山大川；要想度量宏大，须得熟读《诗》、《书》、《礼》、《易》、《春秋》等经史典籍。

【原文】

先读经，后读史，则论事不谬于圣贤；
既读史，复读经，则观书不徒为章句。

【译文】

先读经书，再读史籍，那么评论起事情来，就不会与圣贤的观点相违背了；已经读了史书再去读经书，这样一来，读书就不只是为了文章的章节与句读了。

【原文】

读经传则根底厚，看史鉴则议论伟；
观云物则眼界宽，去嗜欲则胸怀净。

【译文】

读儒家经传，则学识根底厚实；看史书评议，则论起事情来宏伟博大；游山川观壮景，则能使志气凌云眼界开阔；戒嗜好弃私欲，就能胸怀磊落、一尘不染。

【原文】

一庭之内，自有至乐；六经以外，别无奇书。

【译文】

自家的庭院虽小，但却有极大的乐趣；除《诗》、《书》、《礼》、《乐》、《易》、《春秋》这六经之外，便没有更为新奇的书了。

【原文】

读未见书，如得良友；见已读书，如逢故人。

【译文】

读从未看过的书，就像结识了一位新朋友；重读看过的书，就像碰见了一位老朋友。

【原文】

心不欲杂，杂则神荡而不收；
心不欲劳，劳则神疲而不入。

【译文】

心神不宜杂乱，杂乱则会心志动摇，无法集中精力；用心不可太操劳，操劳则精神疲倦，难以有所收获。

【原文】

案上不可多书，心中不可少书。
鱼离水则鳞枯，心离书则神索。

【译文】

放在书桌上的书不宜太多，但心中的书却不能少。鱼离开了水，鱼鳞就会枯朽，心中没有书，则精神就会没有寄托。

【原文】

志之所趋，无远勿届，穷山距海不能限也；
志之所向，无坚不入，锐兵精甲不能御也。

【译文】

只要心中有远大的志向，就没有不能达到的地方，远大的志向一旦确立，山川大海也无法阻挡；而心中所追求的，则没有任何困难可以阻拦，这就像精锐的军人和坚固的盔甲一样，不可抵挡。

【原文】

把意念沉潜得下，何理不可得；
把志气奋发得起，何事不可做。

【译文】

把想法沉下来认真思考，任何事理都能通达；只要立志发愤图强，任何难事都能成功。

【原文】

不虚心，便如以水沃石，一毫进入不得；
不开悟，便如胶柱鼓瑟，一毫转动不得。

【译文】

人若不虚心求教，就好像用水浇石头，水一点都进不去一样，学问得不到增加；对事理不能领悟，就好像粘住弦柱鼓瑟一样，则拘泥而不变通，一点都转动不得。

【原文】

读书贵能疑，疑乃可以启信；
读书在有渐；渐乃克底有成。

【译文】

读书贵在能有怀疑的精神，有疑问方能增进对事物的了解；读书要循序渐进，这样才能坚持到底、学有所成。

【原文】

看书求理，须令自家胸中点头；
与人谈理，须令人家胸中点头。

【译文】

读书求得其中的道理，须让自己满意；与他人谈论事理，须令他人认可信服。

【原文】

爱惜精神，留他日担当宇宙；
蹉跎岁月，问何时报答君亲。
戒浩饮，浩饮伤神。戒贪色，贪色灭神。
戒厚味，厚味昏神。戒饱食，饱食闷神。
戒多动，多动乱神。戒多言，多言损神。
戒多忧，多忧郁神。戒多思，多思挠神。
戒久睡，久睡倦神。戒久读，久读苦神。

【译文】

珍惜爱护自己的精神以待日后担负重任；虚度年华，浪费光阴，试问何时才能报答父母的养育之恩？戒酗酒，酗酒损伤神志。戒色欲，贪色毁灭神志。戒美味，美味使精神昏沉。戒过饱，过饱使精神郁闷。戒多动，多动使精神混乱。戒多话，多话伤害精神。戒多忧，多忧使精神郁结。戒多思，思虑多刺激精神。戒贪睡，贪睡使精神疲倦。戒久读，久读使精神劳累不堪。

存　养　类

【原文】

性分不可使不足，故其取数也宜多：
曰穷理，曰尽性，曰达天，曰入神，
曰致广大，极高明；
情欲不可使有余，故其取数也宜少：
曰谨言，曰慎行，曰约己，曰清心，
曰节饮食，寡嗜欲。

【译文】

人的天性培养不可不足，可以从多个方面进行：运用天性去穷究事物的本源，充分发挥自己的才能，努力去追求最高的理想，对事物要有浓厚的兴趣，并集中精神专心致志地投入，从而造就豁达的胸怀和高洁的品德；尽量压抑人的情感欲望，遏制到越少越好：约束自己去谨慎说话，持重办事，约束自身，心地高洁，还要清心寡欲，节制饮食，戒掉各种不良的嗜好。

【原文】

大其心，容天下之物；虚其心，受天下之善；
平其心，论天下之事；潜其心，观天下之理；
定其心，应天下之变。

【译文】

胸襟开阔，才能包容天下万物；虚怀若谷，才能接受天下的真知善德；平心静气，才能纵论天下的善恶得失；潜心研究，才能谈论天下的学说事理；安定心气，才能应付天下的风云变幻。

【原文】

清明以养吾之神，湛一以养吾之虑，
沉警以养吾之识，刚大以养吾之气，
果断以养吾之才，凝重以养吾之度，
宽裕以养吾之量，严冷以养吾之操。

【译文】

把自己的精神，培养得清净明澈；把自己的思想，培养得精求专一；把自己的胆识，培养得沉着机敏；把自己的气质，培养得刚正大度；把自己的才干，培养得果敢决断；把自己的风度，培养得端正庄重；把自己的胸襟，培养得豁达宽容；把自己的节操，培养得严峻肃然。

【原文】

自家有好处，要掩藏几分，这是涵育以养深；
别人不好处，要掩藏几分，这是浑厚以养大。

【译文】

自己有长处须掩饰几分，这是一种涵养以养深度；别人有短处须盖几分，这是一种深厚以养大度。

【原文】

以虚养心，以德养身，
以仁养天下万物，以道养天下万世。

【译文】

用谦虚培养自己的品质，用道德来培养自己的身心，用仁爱之心对待天下万物，用道德来教诲子孙后代，恩泽万世。

【原文】

涵养冲虚，便是身世学问；
省除烦恼，何等心性安和！

【译文】

涵养谦逊是在世做人的学问；排除烦恼，心境何等地安静平和！

【原文】

颜子四勿，要收入来，闲存工夫，制外以养中也；
孟子四端，要扩充去，格致工夫，推近以暨远也。

【译文】

颜渊的“四勿”，必须要铭记在心中，闲暇之时抵制外界的干扰以修养心性；孟子的“四端”，要尽力扩充，穷究事物的原理法则而总结为理性知识的方法，须由近及远，予以推广。

【原文】

喜怒哀乐而曰未发，是从人心直溯道心，要他存养；
未发而曰喜怒哀乐，是从道心指出人心，要他省察。

【译文】

有喜怒哀乐之情却没有表现出来，这是从人性直接追溯到道德之心的结果，使他能克制人性所固有的欲念；没有发生但却硬要作出喜怒哀乐的表情，这是由道德之心指出人心的本性，要人们自我反思。

【原文】

存养宜冲粹，近春温；省察宜谨严，近秋肃。

【译文】

存心养性要谦抑专一，如春天一样温暖舒服；反省自己一定要谨慎严格，如同秋天一般冷峻严肃。

【原文】

果决人似忙，心中常有余闲；
因循人似闲，心中常有余忙。

【译文】

办事果断坚决的人看起来好像很忙碌，其实心中常有闲暇；因循守旧的人看起来好像很闲暇，其实心中常有思虑。

【原文】

寡欲故静，有主则虚。

【译文】

少欲念，所以心静如水；有主见，故而虚怀若谷。

【原文】

无欲之谓圣，寡欲之谓贤，
多欲之谓凡，徇欲之谓狂。

【译文】

没有欲念可以称为圣人，欲念少可以称为贤人，欲念多就是凡人了，而纵欲无度则就是狂人。

【原文】

人之心胸，多欲则窄，寡欲则宽。
人之心境，多欲则忙，寡欲则闲。
人之心术，多欲则险，寡欲则平。
人之心事，多欲则忧，寡欲则乐。
人之心气，多欲则馁，寡欲则刚。

【译文】

人多欲念心胸则狭窄，少欲念则心胸宽广。人多欲念心境则忙乱，少欲念则心境清闲。人多欲心术则阴险，少欲则平和。人多欲心事则忧愁，少欲则快乐。人心之气象，多欲则灰心丧气，少欲则志气坚定。

【原文】

宜静默，宜从容，宜谨严，宜俭约，四者切己良箴。
忌多欲，忌妄动，忌坐驰，忌旁骛，四者切己大病。
常操常存，得一恒字诀；勿忘勿助，得一渐字诀。

【译文】

人应安静沉默、从容不迫、谨慎严肃、勤俭节约，这些都是告诫自己的良言。人应切忌多欲、盲动，切忌心思不专一、不集中，这四点是自己要切忌的大毛病。这些原则必须长久的坚持，并严格的要求。而在不间断的过程里，能体验出秘字的秘诀。

【原文】

敬守此心，则心定；敛抑其气，则气平。

【译文】

严格谨慎地坚定善良的本性，就会使人心神安定；收敛抑制自己的浮躁之气，就会心平气和。

【原文】

人性中不曾缺一物，人性上不可添一物。

【译文】

人性中本不缺少什么东西，诸如善良；人性中亦不能随便多添什么东西，比如欲念。

【原文】

君子之心不胜其小，而气量涵盖一世；
小人之心不胜其大，而志意拘守一隅。

【译文】

君子的心已经小得不能再小了，但气量宏大得却可以涵盖一切；而小人的心已经大得不能再大了，而气量却小得可怜。

【原文】

忿如火，不遏则燎原；欲如水，不遏则滔天。

【译文】

愤怒如火，不抑制就会形成燎原之势；欲望像洪水，不遏止就会洪水滔天。

【原文】

惩忿如摧山，窒欲如填壑；

惩忿如救火，窒欲如防水。

【译文】

控制愤怒的情绪如同摧毁大山一般需要有强大的力量，又要如救火一样迅急行动；压制欲望要如填平沟壑一样有毅力，又要如防洪一样紧急出手。

【原文】

心一松散，万事不可收拾。

心一疏忽，万事不入耳目。

心一执著，万事不得自然。

【译文】

心一旦松散，那么什么事都做不好。心一旦粗疏，那么什么事都不能聚精会神。心一旦固执，那么什么事都不能见其本来面目。

【原文】

一念疏忽，是错起头；一念决裂，是错到底。

【译文】

一念之差，即为错误的开始；一念不能善始终，便是一错到底。

【原文】

古之学者，在心上做工夫，

故发之容貌，则为盛德之符；

今之学者，在容貌上做工夫，

故反之于心，则为实德之病。

【译文】

古代学者注重在内心深处下功夫，所以表现在外表上便是德高望重；而今天的学者却喜欢做表面功夫，所以表现在内心中则是德性上的缺陷。

【原文】

只是心不放肆，便无过差；
只是心不怠忽，便无逸志。

【译文】

只要能固守本心而不放纵自己，就不会出现差错；只要心不倦怠疏忽，就不会丧失志向。

【原文】

处逆境心，须用开拓法；处顺境心，要用收敛法。

【译文】

当人处于逆境时，思想要乐观开拓，不能垂头丧气、灰心失望；当人处于顺境时，思想要警觉收敛，不能得意忘形，骄傲自大。

【原文】

青天白日的节义，自暗室屋漏中培来；
旋乾转坤的经纶，自临深履薄处得力。

【译文】

光明磊落的节操和情义，是在独居之时修身励志，培养出来的；旋转乾坤的治国韬略，是在如履薄冰的危境中造就而成的。

【原文】

名誉自屈辱中彰，德量自隐忍中大。

【译文】

人的名望和声誉，在屈辱中彰明；人的品德和肚量，在隐忍中发扬。

【原文】

谦退是保身第一法，安详是处事第一法；
涵容是待人第一法，洒脱是养心第一法。

【译文】

谦逊退让，是全身避祸的首要方法；举止稳重、从容不迫是处理事情的最佳方法；包容忍让，是宽以待人的首要方法；言谈举止洒脱自如，是养心的最佳方法。

【原文】

喜来时，一检点，怒来时，一检点。
怠惰时，一检点。放肆时，一检点。

【译文】

沾沾自喜时，应该收敛自己；怒不可遏时，应该约束自己；思想懈怠时，应该反省自己；肆意放纵时，应该检点自己。

【原文】

静能制动，沉能制浮，宽能制褊，缓能制急。

【译文】

安静可克制躁动，沉静可克制浮躁，宽容能克服褊狭，舒缓可克制急躁。

【原文】

天地间真滋味，惟静者能尝得出；
天地间真机括，惟静者能看得透。

【译文】

天地间万事万物的真谛，惟有平心静气的人才能体悟出来；天地间万事万物的规律，惟有心静如水的人才能看得通透。

【原文】

有才而性缓，定属大才；
有智而气和，斯为大智。

【译文】

有才华并且心性平缓的人，一定是有真正才华的人；有智慧而心气平和的人，方可称为真正有智慧的人。

【原文】

有作用者，器宇定是不凡；
有智慧者，才情决然不露。

【译文】

有作为的人，肯定有与众不同的表现；有智慧的人，其才情决然不外露。

【原文】

意粗性躁，一事无成；心平气和，千祥骈集。

【译文】

粗心大意、性情暴躁的人注定一事无成；内心平静详和，那么许多好事会接连不断地汇集而来。

【原文】

以和气迎人，则乖沴灭。以正气接物，则妖氛消。
以浩气临事，则疑畏释。以静气养身，则梦寐恬。

【译文】

以和逊之气迎人，一切灾祸自然消灭；以公正之气对待事物，一切不祥之事都会消失；以浩然之气处理事情，一切疑虑与畏惧都会冰释；以宁静之气修养身体，则自然梦甜睡香。

【原文】

大事难事看担当，逆境顺境看襟度。
临喜临怒看涵养，群行群止看识见。

【译文】

面临大事与难事，可以看出一个人是否具有担当的责任；对待顺逆的态度，可以看出一个人是否具有博大的胸襟；遭遇喜事怒事的情绪，可以看出一个人的涵养；与众人相处，才可看出一人的见识。

【原文】

轻当矫之以重，浮当矫之以实，褊当矫之以宽，
执当矫之以圆，傲当矫之以谦，奢当矫之以俭，
忍当矫之以慈，贪当矫之以廉，私当矫之以公。
放言当矫之以缄默，好动当矫之以镇静，
粗率当矫之以细密，躁急当矫之以和缓，
怠惰当矫之以精勤，刚暴当矫之以温柔，
浅露当矫之以沉潜，溪刻当矫之以浑厚。

【译文】

轻浮应以稳重矫正，浮躁应以踏实矫正，狭隘应以宽容矫正，固执应以圆润矫正，骄傲应以谦逊矫正，奢侈应以节俭矫正，残忍应以仁慈矫正，贪欲应以廉洁矫正，自私应以公正矫正，多话应以缄默矫正，好动应以镇静矫正，粗心应以细心矫正，急躁应以和缓矫正，懈怠松弛应以精心勤奋矫正，刚强暴戾应以温柔矫正，浅露应以沉潜矫正，苛刻应以淳厚矫正。

持 躬 类

【原文】

聪明睿知，守之以愚。功被天下，守之以让。
勇力振世，守之以怯。富有四海，守之以谦。

【译文】

聪明而智慧的人，往往保持着敦厚朴实的外表；功高盖世的人，往往保持着谦虚礼让的态度。勇猛无敌的人，往往保持着小心谨慎的态度；拥有巨财的人，往往保持着如有不足的态度。

【原文】

不与居积人争富，不与进取人争贵，
不与矜饰人急名，不与少年人争英俊，
不与盛气人争是非。

【译文】

不和囤积钱财的人比较财富的多少；不和醉心名利的人比较地位的高下；不和骄傲自夸的人比较名声的大小；不和年轻貌美的人比较仪容的美丑；不和气盛暴躁的人争论谁是谁非。

【原文】

富贵，怨之府也。才能，身之灾也。
声名，谤之媒也。欢乐，悲之渐也。

【译文】

钱财，往往成为怨恨产生的府地；才华能力，常常就是招致身体遭受灾祸的根由；名望声誉，通常是引来诽谤的诱因；欢欣快乐，常常就是走向悲哀的开始。

【原文】

浓于声色，生虚怯病。浓于货利，生贪饕病。
浓于功业，生造作病。浓于名誉，生矫激病。

【译文】

放纵于歌舞女色的快乐，就会生出虚怯的毛病来；贪求财物之利，就会生出贪得无厌的毛病来；热衷功名成就，就会生出矫揉造作的毛病来；追逐于社会声名，就会生出矫情过激的毛病来。

【原文】

想自己身心，到后日置之何处；
顾本来面目，在古时像个甚人。

【译文】

该想想百年后，自己的躯体将被后人安放在什么位置上？观察自己的面目，比较一下自己到底和历史上的哪一位古人相似。

【原文】

莫轻视此身，三才在此六尺；
莫轻视此生，千古在此一日。

【译文】

人千万不能看轻自己，须知天、地、人的精华都蕴藏在这区区六尺的身躯之中；人千万不能轻视自己这一生，要知千古的功业关键在于今朝。

【原文】

醉酒饱肉，浪笑恣谈，却不错过了一日；
妄动胡言，昧理纵欲，讵不作孽了一日。

【译文】

饮酒吃肉、放荡且妄自胡说，不就是白白浪费了一天？随心所欲的言行，不可遏制的欲望，岂不就是罪恶的一日？

【原文】

不让古人，是谓有志；不让今人，是谓无量。

【译文】

敢于在古人的成就面前一争高低，称之为有志气；在今人面前自吹自擂，称之为没有气量。

【原文】

一能胜千，君子不可无此小心；
吾何畏彼，丈夫不可无此大志。

【译文】

一个人的力量有时可能超过千百人的力量，作为君子不能缺乏实现这一谋略所需的谨慎；我何必要怕他，大丈夫不能没有这种志气。

【原文】

怪小人之颠倒豪杰，不知惟颠倒方为小人。
惜君子之受世折磨，不知惟折磨乃见君子。

【译文】

责备小人颠倒英雄豪杰，殊不知只有颠倒人的人才是小人；怜惜君子受世事的折磨，殊不知只有在折磨之中才能识别真正的君子。

【原文】

经一番挫折，长一番识见。
容一番横逆，增一番器度。
省一分经营，多一分道义。
学一分退让，讨一分便宜。
去一分奢侈，少一分罪过。
加一分体贴，知一分物情。

【译文】

只有经历一番挫折，才能长一番见识。只有经过一番磨难，才能增一分度量。省一分私利的盘算，就能多一分道义。学会退让一分，就能讨回一分便宜。去掉一分享受，则减少一分罪过。对事物多一分认识，就会多了解一分世事人情。

【原文】

不自重者取辱，不自畏者招祸，
不自满者受益，不自是者博闻。

【译文】

不懂得自重的人，只能是自取其辱；没有畏惧心的人，必然招致灾祸；只有不自满的人，才能受到裨益而有所收获；只有不自以为是的人，才能博闻强识。

【原文】

有真才者，必不矜才；有实学者，必不夸学。

【译文】

真正有才学的人，绝不会自恃有才而卖弄才学；真正有学问的人，也绝不会因博学而夸耀学问。

【原文】

盖世功劳，当不得一个矜字；
弥天罪恶，最难得一个悔字。

【译文】

即便是有盖世之功，也不能骄傲自满、居功自傲。纵然有滔天的罪恶，只要有悔过之心，定然也能再世为人。

【原文】

诿罪掠功，此小人事。掩罪夸功，此众人事。
让美归功，此君子事。分怨共过，此盛德事。

【译文】

争功诿过，是小人的行径；掩盖罪过、夸耀功劳，是凡人的本色；将功劳与好事归于别人，是君子的行为；替他人分解忧怨，共担罪责，是高尚品德之人的作风。

【原文】

毋毁众人之名，以成一己之善；
毋役天下之理，以护一己之过。

【译文】

切勿以诋毁众人的声名，来成就自己的名誉；切勿以埋没天下的事理，来掩饰自己的过错。

【原文】

大著肚皮容物，立定脚跟做人。
实处著脚，稳处下手。

【译文】

宽宏大量容万事万物，坚定立场做人。脚踏实地为本，沉稳老练处世。

【原文】

读书有四个字最要紧，曰阙疑好问；
做人有四个字最要紧，曰务实耐久。

【译文】

读好书最关键的四个字在于“勤学好问”，做好人最重要的四个字就是“务实”与“坚持”。

【原文】

事当快意处须转，言到快意时须住。

【译文】

事情在最得意时要谨防节外生枝，功亏一篑；话说到最忘形时一定要及时刹住，以防恶语伤人。

【原文】

物忌全胜，事忌全美，人忌全盛。

【译文】

事物忌讳面面俱到、样样都好；事情切忌完美无缺、无可挑剔；人则忌讳得意至极。

【原文】

尽前行者地步窄，向后看者眼界宽。

【译文】

只知一味向前走的人，眼前可走之路会越来越窄；常常向后看的人，会因经常回顾自己的所为而眼界越来越宽。

【原文】

四海和平之福，只是随缘；
一生牵惹之劳，总因好事。

【译文】

四海之内和平安定，这样的幸福只是随缘而得；一生的牵念与烦心，总是因多事、好事而致。

【原文】

花繁柳密处拨得开，方见手段；
风狂雨骤时立得定，才是脚跟。

【译文】

面对各种诱惑与缠绕时能脱身而出，这才是手段高明；面对艰难坎坷仍能站稳脚跟，这才是立世有法。

【原文】

步步占先者，必有人以挤之；
事事争胜者，必有人以挫之。

【译文】

任何事都要争先的人，必定会受到他人的排挤；任何事都要争胜的人，必定会遭到他人的打击。

【原文】

言行拟之古人，则德进。功名付之天命，则心闲。
报应念及子孙，则事平。受享虑及疾病，则用俭。

【译文】

言行仿效古人，则德行长进；功名利禄听任天命安排，则内心闲适；考虑到报应会祸及子孙后代，就会办事公正；想到享受过头会招致疾病，就会俭朴节省。

【原文】

安莫安于知足，危莫危于多言，
贵莫贵于无求，贱莫贱于多欲。
乐莫乐于好善，苦莫苦于多贪，
长莫长于博谋，短莫短于自恃，
明莫明于体物，暗莫暗于昧几。

【译文】

最大的安逸，就是知足保和；最大的危险，就是口无遮拦；最为可贵的，就是无所奢求；最为贫贱的，就是贪欲过多；最大的快乐，就是好善乐施；最大的苦难，就是贪图钱财；最大的优点，就是足智多谋；最大的缺点，就是自负自矜；最大的聪明，就是体察物情；最大的糊涂，就是泯灭良心。

【原文】

能知足者，天不能贫。能忍辱者，天不能祸。
能无求者，天不能贱。能外形骸者，天不能病。
能不贪生者，天不能死。能随遇而安者，天不能困。
能造就人材者，天不能孤。
能以身任天下后世者，天不能绝。

【译文】

能够知足的人，上天不会让他陷于贫困；能够忍受屈辱的人，上天不会降祸于他；无欲无求的人，上天不会让他沦于卑贱；不过分注重肉体的人，上天不会让他困病；不贪生怕死的人，上天不会让他死去；能够随遇而安的人，上天不会让他坎坷困顿；能够造就人材的人，上天不会让他孤立无助；能够用生命造福天下后世的人，上天不会让他失去后嗣。

【原文】

天薄我以福，吾厚吾德以迓之。
天劳我以形，吾逸吾心以补之。
天厄我以遇，吾亨吾道以通之，
天苦我以境，吾乐吾神以畅之。

【译文】

上天赐给我的福分浅薄，我就培养高尚道德去迎接它；上天让我的身体遭受劳苦，我就放松自己的心情弥补它；上天使我遭遇艰危，我就努力实现政治理想去沟通它；上天让我境况困苦，我就力求精神愉快去疏导它。

【原文】

吉凶祸福，是天主张。
毁誉与夺，是人主张。
立身行己，是我主张。

【译文】

人生的吉凶与福祸，都是上天主宰的；人事的是非与成败，都是别人操持的；自身的言行和道德，都是自己决定的。

【原文】

要得富贵福泽，天主张，由不得我；
要做贤人君子，我主张，由不得天。

【译文】

要想享受富贵福泽，这要看天意，自己无力改变；要想成为贤人君子，主要靠自己，上天管不了。

【原文】

富以能施为德，贫以无求为德，
贵以下人为德，贱以忘势为德。

【译文】

富裕之人以舍得施贫为美德，贫穷之人以无所奢求为美德，高贵之人以平等待人为美德，低贱之人以轻视权势为美德。

【原文】

护体面，不如重廉耻。求医药，不如养性情。
立党羽，不如昭信义。作威福，不如笃至诚。
多言说，不如慎隐微。博声名，不如正心术。
恣豪华，不如乐名教。广田宅，不如教义方。

【译文】

爱护自己的面子不如注重廉耻，求诸医药不如怡养性情，结党营私不如昭示信义，作威作福不如诚恳笃实，言语过多不如谨小慎微，博取声名不如端正自己的心术，恣意于奢侈淫逸，不如从名教中自取其乐，广置田宅不如给儿孙多施家教。

【原文】

行己恭，责躬厚，接众和，
立心正，进道勇，
择友以求益，改过以全身。

【译文】

举止行为恭敬，待人宽大为怀，接物平和，心意正直，学圣贤之道，选择良友以有益于自身为原则，改进缺点以达到完满为目的。

【原文】

敬为千圣授受真源，慎乃百年提撕紧钥。

【译文】

恭敬乃是千载处世的根源，谨慎方为百年警觉自身的关键。

【原文】

度量如海涵春育，应接如流水行云，
操存如青天白日，威仪如丹凤祥麟，
言论如敲金戛石，持身如玉洁冰清，
襟抱如光风霁月，气概如乔岳泰山。

【译文】

度量要大如海能容万事万物，又要如春风润育万事万物，待人接物如行云流水般坦然，情操如青天白日般光明磊落，威仪如丹凤呈祥，语应如敲金振石般振振有词，持身如玉洁冰清般纯洁，胸襟抱负如和风明月般和蔼，气概则如泰山般崇高。

【原文】

海阔从鱼跃，天空任鸟飞，
非大丈夫不能有此度量。
振衣千仞冈，濯足万里流，
非大丈夫不能有此气节。
珠藏泽自媚，玉韫山含晖，
非大丈夫不能有此蕴藉。
月到梧桐上，风来杨柳边，
非大丈夫不能有此襟怀。

【译文】

辽阔的大海任鱼儿翻腾，不是大丈夫不会有如此度量；大丈夫要有在千尺高山上弹衣之灰尘，在万里河流洗足般的气节；大丈夫要有如珍珠藏于水中自会显露色彩，玉石置于山中自会显示光辉般的内蕴；大丈夫要有如月明风清般光洁温煦的胸襟。

【原文】

处草野之日，不可将此身看得小；
居廊庙之日，不可将此身看得大。

【译文】

处于平凡的民间，不能看轻了自己；处于高高的朝堂之上，亦不能看高了自己。

【原文】

只一个俗念头，错做了一生人；
只一双俗眼睛，错认了一生人。

【译文】

只因为一个庸俗的念头，而做错了一生人；只因为用俗气的眼光看待他人，而一生没有认清朋友与敌人。

【原文】

心不妄念，身不妄动，口不妄言，君子所以存诚。
内不欺己，外不欺人，上不欺天，君子所以慎独。
不愧父母，不愧兄弟，不愧妻子，君子所以宜家。
不负天子，不负生民，不负所学，君子所以用世。

【译文】

不想不正的念头，不做不规矩的动作，不说虚妄的话，所以君子的一切行为皆存诚信。不欺骗自己，不欺侮别人，不欺骗上天，这就是君子能谨慎独处的原因。不愧对父母、兄弟、妻子、儿女，所以君子便无愧于家庭。不辜负国家所托，不愧对百姓的拥戴，不辜负自己的所学，所以君子必能承担起社会的重任。

【原文】

以性分言，无论父子兄弟，即天地万物，皆一体耳，
何物非我，于此信得及，则心体廓然矣；
以外物言，无论功名富贵，即四肢百骸，亦躯壳耳，
何物是我，于此信得及，则世味淡然矣。

【译文】

就天性而言，不管是父子兄弟还是天地万物，本来就是一体的存在，哪有物体同我相异，得此认识，心则会宽慰。就外在而言，不论功名富贵还是身体四肢，皆是一具躯壳，皆非我所有，有此观点，则世俗的欲念不存在。

【原文】

有补于天地曰功，有关于世教曰名，
有学问曰富，有廉耻曰贵，是谓功名富贵。
无为曰道，无欲曰德，无习于鄙陋曰文，
无近于暧昧曰章，是谓道德文章。

【译文】

有补于天地称为功，能成为后人之榜样称为名，有学问称为富，有廉耻称为贵，此即所谓的功名富贵。无所求称为道，无欲念称为德，没有世俗的鄙薄陋习称为文，处事不含糊而且有条理称为章，此即所谓的道德文章。

【原文】

困辱非忧，取困辱为忧；荣利非乐，忘荣利为乐。

【译文】

困苦受辱不值得忧虑，自取其辱才值得忧虑；功名利益不是真正的快乐，只有忘掉功名利益才能获得真正的快乐。

【原文】

热闹华荣之境，一过辄生凄凉；
清真冷淡之为，历久愈有意味。

【译文】

热闹华荣的光景，过后转眼即生出空虚凄凉；而清淡脱俗的作为，过得时间越久越觉得有意味。

【原文】

心志要苦，意趣要乐。气度要宏，言动要谨。

【译文】

要有劳苦的心志，乐观的意趣，宏大的气度，谨慎的言行。

【原文】

心术以光明笃实为第一，
容貌以正大老成为第一，
言语以简重真切为第一。

【译文】

用心最重要的是要光明磊落、诚实坦然，外表最重要的是要庄重大气、正直沉稳，说话最重要的是要言简意赅、诚实可信。

【原文】

勿吐无益身心之语，勿为无益身心之事，
勿近无益身心之人，勿入无益身心之境，
勿展无益身心之书。

【译文】

不要说不利于身心健康的话，不要做不利于身心健康的事，不要接近不利于身心健康的人，不要进入不利于身心健康的地方，不要看不利于身心健康的书。

【原文】

此生不学一可惜，
此日闲过二可惜，
此身一败三可惜。

【译文】

一生不学习，一天闲过，身体衰败，这是人生三件可惜的事。

【原文】

君子胸中所常体，不是人情是天理。
君子口中所常道，不是人伦是世教。
君子身中所常行，不是规矩是准绳。

【译文】

君子胸中所藏的不是人情而是天理，君子口中所说的不是人伦世故而是千古的至理名言，君子所奉行的不是规矩而是言行所依据的准绳。

【原文】

休诿罪于气化，一切责之人事；
休过望于世间，一切求之我身。

【译文】

不要将罪过归于运气不好，一切都应责备人本身；不要对世人抱有过高的期望，一切都应求诸自身。

【原文】

自责之外，无胜人之术；自强之外，无上人之术。

【译文】

除了严于自责之外，没有胜过他人的方法了；除了自强不息之外，没有超过他人的方法了。

【原文】

书有未曾经我读，事无不可对人言。

【译文】

有不曾阅读过的书籍，但没有不可以对他人讲的事情。

【原文】

闺门之事可传，而后知君子之家法矣；
近习之人起敬，而后知君子之身法矣。

【译文】

家中的事情可以对他人提及，这样才知道君子的家法是如何的端正无瑕；对待周围的人要恭敬谦逊，才能够了解君子对自身要求多么严格正派。

【原文】

门内罕闻嬉笑怒骂，其家范可知；
座右遍书名论格言，其志趣可想。

【译文】

听不到家门内的嬉笑怒骂之声，足见其家风之正了；案头放着格言名句，该人的志趣就可想而知了。

【原文】

慎言动于妻子仆隶之间，检身心于食息起居之际。

【译文】

即使对待妻室子女和仆人，也要时刻谨慎自己的言语行为；即使在日常饮食起居生活中，也要时刻检点自己的身心修养。

【原文】

语言间尽可积德，妻子间亦是修身。

【译文】

与人说话时完全可以积德，与妻儿相处时亦可以修身养性。

【原文】

昼验之妻子，以观其行之笃与否也；
夜考之梦寐，以卜其志之定与否也。

【译文】

白天注意妻子的行为举止，以考察她是否言行一致；夜晚考察她的睡梦情况，以知道其是否意志坚定。

【原文】

欲理会七尺，先理会方寸；
欲理会六合，先理会一腔。

【译文】

要想了解七尺之躯，首先得了解真正的内心；要想了解天下，首先得了解真正的自己。

【原文】

世人以七尺为性命，君子以性命为七尺。

【译文】

世俗的人以自己的身体为性命，而君子则以天下万物的性命为自己的身躯。

【原文】

气象要高旷，不可疏狂。心思要缜密，不可琐屑。
趣味要冲淡，不可枯寂。操守要严明，不可激烈。

【译文】

做人气度要高旷但不可疏忽与狂傲，心思要细密但不可琐碎，趣味要淡雅但不能枯躁，操守要严明但不可激烈。

【原文】

聪明者戒太察，刚强者戒太暴，温良者戒无断。

【译文】

聪明的人戒精明能干，刚强的人戒性格暴躁，温和的人戒优柔寡断。

【原文】

勿施小惠伤大体，毋借公道遂私情。

以情恕人，以理律己。

【译文】

不要因为施以小的恩惠而伤害整体，更不可以假公济私。要以常人之情宽恕别人，要以严正的道理约束自己。

【原文】

以恕己之心恕人，则全交；

以责人之心责己，则寡过。

【译文】

以宽恕自己的心去宽恕别人，那么知己就会越来越多；以责备他人的心来责备自己，则自己的过错就会越来越少。

【原文】

力有所不能，圣人不以无可奈何者责人；

心有所当尽，圣人不以无可奈何者自诿。

【译文】

虽尽力但有所不及者，圣人不会因其无可奈何而苛责于他；应当尽心而未能如愿者，圣人不会推卸责任。

【原文】

众恶必察，众好必察易；自恶必察，自好必察难。

【译文】

众人的缺点必得查明，众人的善行必须弄清，这些都比较容易；自己的缺点必得查明，自己的优点亦要弄清，但这些却比较困难。

【原文】

见人不是，诸恶之根；见己不是，万善之门。

【译文】

只看到他人的短处，此是诸恶的根源；能发现自身的缺点，才是迈向善的起点。

【原文】

不为过三字，昧却多少良心；
没奈何三字，抹去多少体面。

【译文】

“不为过”这三个字使多少人昧了良心，“没奈何”这三个字使多少人失了体面。

【原文】

品诣常看胜如我者，则愧耻自增；
享用常看不如我者，则怨尤自泯。

【译文】

常看修养品德胜过我的人，则惭愧耻辱之感油然而生；常看享乐不及我的人，则埋怨之情自然消失。

【原文】

家坐无聊，亦念食力担夫红尘赤日；
官阶不达，尚有高才秀士白首青衿。

【译文】

闲坐家中时，不妨想想，人世间有多少人此刻还在烈日下为生活而奔波；官位不能飞黄腾达，想想有多少高士秀才待到老还是一介平民。

【原文】

常思终天抱恨，自不得不尽孝心。
常思度日艰难，自不得不节费用。
常思人命脆薄，自不得不惜精神。
常思世态炎凉，自不得不奋志气。
常思法网难漏，自不得不戒非为。
常思身命易倾，自不得不忍气性。

【译文】

常想到不报答父母之恩会悔恨终生，就不能不尽孝心。常想到度日的艰难，就不能不节省花销。常想到生命的脆弱，就不得不爱惜精神。常想到世态炎凉，就不得不奋发努力。常想到法网恢恢，就不会让自己胡作非为。常想到生命易失，就不得不忍气耐性。

【原文】

以媚字奉亲，以淡字交友，
以苟字省费，以拙字免劳，
以聋字止谤，以盲字远色，
以吝字防口，以病字医淫，
以贪字读书，以疑字穷理，
以刻字责己，以迂字守礼，

以很字立志，以傲字植骨，
以痴字救贫，以空字解忧，
以弱字御侮，以悔字改过，
以懒字抑奔竞风，以惰字屏尘俗事。

【译文】

用“媚”字奉养亲人父母，用平淡之心来交朋友，用“苟”字节省用度，用朴拙免去劳力，用“聋”字消除诽谤，用“盲”字远离美色，用“吝”字防止言语过多，用“病”字医治淫欲，用“贪”字来读书，用“疑”字来探究真理，用“刻”字来苛责自己，用“迂”字遵守礼仪，用“很”字立定志向，用“傲”字树立骨气，用“痴”字救济贫困，用“空”字排遣忧愁，用“弱”字抵御侮辱，以“悔”字纠正过失，以“懒”字抵制争名夺利的风气，以“惰”字隔除凡人俗事。

【原文】

对失意人，莫谈得意事；处得意日，莫忘失意时。

【译文】

在失意者的面前，不要说那些得意的事情；处于得意的时候，不要忘记失意时的日子。

【原文】

贫贱是苦境，能善处者自乐；
富贵是乐境，不善处者更苦。

【译文】

贫贱是苦难的境界，能妥善处理好自己的心态，自然可以感觉到苦中有乐；富贵是快乐的境地，不能很好地对待富贵，那么也会乐极生悲。

【原文】

恩里由来生害，故快意时须早回头；

败后或反成功，故拂心处莫便放手。

【译文】

过度的宠爱会生出祸害，所以得意的时候应及早回头，激流勇退；失败之后也许还会成功，所以不顺心时且不可随便放弃，应坚持到底。

【原文】

深沉厚重，是第一等资质。

磊落豪雄，是第二等资质。

聪明才辩，是第三等资质。

【译文】

深刻沉着、忠厚笃信，是第一等的品格；光明磊落、豪放雄健，是第二等的品格；明智聪慧、能言善辩，是第三等的品格。

【原文】

上士忘名，中士立名，下士窃名。

【译文】

最高等的读书人，忘却名誉；中等的读书人，树立名誉；下等的读书人，盗窃名誉。

【原文】

上士闭心，中士闭口，下士闭门。

【译文】

上等的读书人心中根本没有杂念，中等的读书人从来不胡言乱语，下等的读书人则是闭门不出。

【原文】

好讦人者身必危，自甘为愚，适成其保身之智；

好自夸者人多笑，自舞其智，适见其欺人之愚。

【译文】

喜欢攻击诽谤他人的人，必遭祸患；自己甘心当愚者的人，往往却能因此自保其智慧；喜好自我吹嘘的人，多被人耻笑；孤芳自赏喜欢玩弄小聪明的人，却恰恰表现出他自欺欺人的愚昧。

【原文】

闲暇出于精勤，恬适出于畏惧。
无思出于能虑，大胆出于小心。

【译文】

悠闲自得，是出于专心勤奋；淡泊恬适，是出于恭敬畏惧；没有后顾之忧，是由于平日思考得多；胆大无畏，是因为平时小心谨慎。

【原文】

平康之中，有险阴焉。
衽席之内，有鸩毒焉。
衣食之间，有祸败焉。

【译文】

平安之中隐藏着危险和阴谋，卧榻之上亦可能有剧毒，日常衣食之间也有可能存着祸患。

【原文】

居安虑危，处治思乱。

【译文】

身处国泰民安的和平环境，亦要考虑应对危难的措施；处身天下大治的太平盛世，也要想到乱世之日可能会到来。

【原文】

祸到休愁，也要会救；福来休喜，也要会受。

【译文】

即使祸患来临也不必忧愁，只要有方法补救；好事来临也不必欢喜，要学会如何享受。

【原文】

天欲祸人，先以微福骄之；
天欲福人，先以微祸儆之。

【译文】

上天如果要惩罚一个人，必定会先给他一点小小的好处使他轻信；上天如果要使一个人享福，必定会先给他一点小小的祸患使他有所警惕。

【原文】

傲慢之人骤得通显，天将重刑之也；
疏放之人艰于进取，天将曲赦之也。

【译文】

傲慢的人骤然显赫一时，上苍也要重重地惩治他；放纵的人若能艰苦奋斗、勇于进取，上苍也会宽容他。

【原文】

小人亦有坦荡荡处，无忌惮是已；
君子亦有长戚戚处，终身之忧是已。

【译文】

小人也有坦荡之处，只因他肆无忌惮；君子亦有忧愁之事，只因他忧国忧民。

【原文】

水，君子也。其性冲，其质白，其味淡，其为用也，
可以浣不洁者而使洁，即沸汤者投以油，
亦自分别而不相混，诚哉君子也。
油，小人也。其性滑，其质腻，其味浓，其为用也，
可以污洁者而使不洁，倘滚油中投以水，
必至激搏而不相容，诚哉小人也。

【译文】

君子像水，性情谦虚冲淡，本质纯洁，味平淡，它有众多的功用，可以使不洁的东西变洁，即使在滚烫的热水中放入油，它也仍然能保持自身的品性，不与油相混，这就是君子的本性。小人像油，性情狡猾，本质滑腻，味浓厚，它亦有很多的用途，可以使干净的东西变脏，若在滚烫的油中放入水，二者必然强烈对峙而不相容，这就是小人的本质。

【原文】

凡阳必刚，刚必明，明则易知；
凡阴必柔，柔必暗，暗则难测。

【译文】

凡是性格外露者必定刚强，刚强必定光明，光明则容易让人透彻地了解；凡是性格内敛的人必柔弱，柔弱必定阴暗，阴暗则让人难以猜度。

【原文】

称人以颜子，无不悦者，忘其贫贱而夭；
指人以盗跖，无不怒者，忘其富贵而寿。

【译文】

将他人称为颜回，没人不高兴，即使颜回贫贱又短寿；但将他人称为盗跖，没人不发怒，虽然盗跖既富贵又长寿。

【原文】

事事难上难，举足常虞失坠；
件件想一想，浑身都是过差。

【译文】

世上没有容易的事，因此举足之间要考虑失利与失落会随时到来；做每一件事都要想清楚，因为自己浑身上下都存着犯错的可能。

【原文】

怒宜实力消融，过要细心检点。

【译文】

有怒气要尽力消气，有过错要仔细检查。

【原文】

探理宜柔，优游涵泳，始可以自得；
决欲宜刚，勇猛奋迅，始可以自新。

【译文】

探索事理时要用柔缓的方法，仔细品读回味才能有所心得；斩断欲望时要果断坚决，奋力果决才能自新。

【原文】

惩忿窒欲，其象为损，得力在一忍字；
迁善改过，其象为益，得力在一悔字。

【译文】

对待心中的欲念，稍加放纵即有损自己的品行修养，所以关键在于忍。改过向善，只有努力不懈才会有助于品行的提高，所以关键在于悔。

【原文】

富贵如传舍，惟谨慎可得久居；
贫贱如敝衣，惟勤俭可以脱卸。

【译文】

富贵如旅店，惟有谨慎方可以长久住下去；贫贱如同破衣服，惟有勤俭才能脱去。

【原文】

俭则约，约则百善俱兴；
侈则肆，肆则百恶俱纵。

【译文】

勤俭了就有了约束，有约束了各种善行才会兴起；奢侈则放肆，放肆则使各种恶行放任自流。

【原文】

奢者富不足，俭者贫有余；
奢者心常贪，俭者心常富。

【译文】

奢侈者虽富有却常常还抱怨自己不够富足，节俭者虽贫穷却还总觉得有富余；奢侈者心中常常自感贫困，节俭者心中常常觉得富贵。

【原文】

贪饕以招辱，不若俭而守廉。
干请以犯义，不若俭而全节。
侵牟以聚怨，不若俭而养心。
放肆以遂欲，不若俭而安性。

【译文】

贪心不足容易招致侮辱，不如勤俭而守廉洁之气。为求取功名而请托他人，不如勤俭而保持节操。巧取豪夺而招致积怨，不如勤俭而修养心性。放纵自己追逐欲望，不如勤俭而安定性情。

【原文】

静坐，然后知平日之气浮。
守默，然后知平日之言躁。
省事，然后知平日之心忙。
闭户，然后知平日之交滥。
寡欲，然后知平日之病多。
近情，然后知平日之念刻。

【译文】

静坐的时候才知道平日的心浮气躁，沉默之时才知道平日说话不冷静，反省行为才知道平日心情忙乱，闭门谢客才知平日交友太滥，少欲望才知平日多病，近人情才知道平日的苛刻。

【原文】

无病之身，不知其乐也，病生始知无病之乐；
无事之家，不知其福也，事至始知无事之福。

【译文】

身体无灾无病时，感受不到快乐，等到生病卧床才知道无灾无病的幸福；家中不出事，不知这是家庭的福气，等到祸事临头，才体会到平安无事的幸福。

【原文】

欲心正炽时，一念著病，兴似寒冰；
利心正炽时，一想到死，味同嚼蜡。

【译文】

纵欲之心正炽烈时，若能想到会导致的病痛，兴致即如寒冰；逐利之心正浓烈时，一想到将来会命丧黄泉，则即刻觉得索然无味。

【原文】

有一乐境界，即有一不乐者相对待；
有一好光景，便有一不好底相乘除。

【译文】

有一个快乐的境况，就必然有一个不快乐的境况与之相对峙；有一处优美的风景出现，就必然有一处不优美的风景与之相抵消。

【原文】

事不可做尽，言不可道尽，
势不可倚尽，福不可享尽。

【译文】

事不能做尽做绝，话亦不能说尽说绝；依靠权势不可过头，幸福亦不能享尽。

【原文】

不可吃尽，不可穿尽，不可说尽；
又要懂得，又要做得，又要耐得。

【译文】

不可吃尽，不可穿绝，说话时还要留有余地；不仅要懂得，还要做得到，同时还要耐得住性子。

【原文】

难消之味休食，难得之物休蓄，
难酬之恩休受，难久之友休交，
难再之时休失，难守之财休积，
难雪之谤休辩，难释之忿休较。

【译文】

难以消化的食物，不要贪吃；难以获取的宝物，不要储藏；难以报答的恩情，不要接受；难以久处的朋友，不要交往；难以再现的光阴，不要失去；难以守护的钱财，不要积攒；难以洗清的诽谤，不要辩解；难以释放的愤怒，不要计较。

【原文】

饭休不嚼便咽，路休不看便走，
话休不想便说，事休不想便做，
衣休不慎便脱，财休不审便取，
气休不忍便动，友休不择便交。

【译文】

饭不可不嚼就咽，路不可不看便走，话不要不想便脱口而出，事不可不考虑就贸然去做，衣服不能随便就脱，钱财不能随便据为己有，怒气不可不忍而任其发作，朋友不可不选择就随便结交。

【原文】

为善如负重登山，志虽已确，而力犹恐不及；
为恶如乘骏走坂，鞭虽不加，而足不禁其前。

【译文】

做好事如同背着重物登山，志向虽已确立，但总是担心自己的力量不足；做恶事就像骑快马下山，虽然未曾加鞭，但马却依然不停前蹄。

【原文】

防欲如挽逆水之舟，才歇手，便下流；
为善如缘无枝之树，才住脚，便下坠。

【译文】

慎防欲念如同牵拉逆水之舟，一旦停下来，便会倒退；着力行善如同攀缘一棵无枝节的树，一旦停下来，便会下滑。

【原文】

胆欲大，心欲小，智欲圆，行欲方。

【译文】

做人胆子要大，心思要细密，智慧要圆全，行为要正直。

【原文】

真圣贤，决非迂腐；真豪杰，断不粗疏。

【译文】

真正的圣贤，绝非迂腐之辈；真正的豪杰，也绝不是粗鲁疏狂之徒。

【原文】

龙吟虎啸，凤翥鸾翔，大丈夫之气象；
蚕茧蛛丝，蚁封蚓结，儿女子之经营。

【译文】

龙吟虎啸、凤飞鸾翔是大丈夫应有的气派；像蚕结茧、蜘蛛吐丝、蚂蚁封巢、蝗蚓集结是小人的营谋筹划。

【原文】

格格不吐，刺刺不休，
总是一般语病，请以莺歌燕语疗之；
恋恋不舍，忽忽若忘，
各有一种情痴，当以鸢飞鱼跃化之。

【译文】

笑而不语、唠叨不休是说话时的毛病，应以莺歌燕语加以治疗；恋恋不舍、恍恍惚惚或有所忘记是为情痴迷之症，要以鹰飞鱼跃的开阔气度加以调节。

【原文】

问消息于蓍龟，疑团空结；
祈福祉于奥灶，奢想徒劳。

【译文】

向蓍龟问卜未来之事，而疑团仍旧存在；向灶神祈求福祉，到头来也只是一种奢想，于事无补。

【原文】

谦，美德也，过谦者怀诈；
默，懿行也，过默者藏奸。

【译文】

谦虚是一种美好的品德，但若是过于谦虚便是心怀诡诈；缄默是一种美好的行为，但若是过于沉默必定怀有恶意。

【原文】

真不犯祸，和不害义。

【译文】

为人正直，但不要为此而遭遇祸患；做事谦和，但不要为此而损害正义。

【原文】

圆融者无诡随之态，精细者无苛察之心，
方正者无乖拂之失，沉默者无阴险之术，
诚笃者无椎鲁之累，光明者无浅露之病，
劲直者无径情之偏，执持者无拘泥之迹，
敏练者无轻浮之状。

【译文】

性情随和的人没有诡诈的神态，精明细心的人没有苛刻的心态，正直的人没有乖张蛮横的过失，沉默的人没有阴险的手段，诚信笃实的人无鲁钝之累，光明正大的人没有肤浅的毛病，刚直的人没有任性的偏失，果决的人没有犹豫不决的毛病，练达的人没有轻浮的举动。

【原文】

才不足则多谋，识不足则多事，
威不足则多怒，信不足则多言，

勇不足则多劳，明不足则多察，
理不足则多辩，情不足则多仪。

【译文】

才能不足的人好出计谋，见识不够的人好多事儿，威仪不足的人好发怒，诚信不足的人话多，勇气不足的人则辛劳多，不聪明的人爱在细枝末节上做文章，事理不足的人爱辩论，情分不够的人则好用礼仪来掩饰。

【原文】

私恩煦感，仁之贼也。
直往轻担，义之贼也。
足恭伪态，礼之贼也。
苛察歧疑，智之贼也。
苟约固守，信之贼也。

【译文】

私恩施予他人，此为对仁的危害；轻率从事担当不起责任，此为对义的危害；伪装出恭敬的仪态，此为对礼的危害；苛责而多疑，此为对智的危害；随便与人约定且固守，此为对信的危害。

【原文】

有杀之为仁，生之为不仁者。
有取之为义，与之为不义者。
有卑之为礼，尊之为非礼者。
有不知为智，知之为不智者。
有违言为信，践言为非信者。

【译文】

有为成仁而牺牲的人，亦有为苟活而成为不仁的人。有自取利益而成为义的人，亦有给与却还是不义的人。有卑下为礼的人，亦有位尊为背礼的人。有不知方为智的人，亦有知为不智的人。有违背约定为信的人，亦有为守诺言而成为不信的人。

【原文】

愚忠愚孝，实能维天地纲常，
惜不遇圣人裁成，未尝入室；
大诈大奸，偏会建世间功业，
倘非有英主驾驭，终必跳梁。

【译文】

盲目地尽忠守孝确实能维系天地间的纲常，只可惜未能遇到圣人的指点，便不能登堂入室；大奸诈者反倒能在人世间建立功业，只因为有英明君主的驾驭，否则最终必成跳梁小丑。

【原文】

知其不可为而遂委心任之者，达人智士之见也；
知其不可为而亦竭力图之者，忠臣孝子之心也。

【译文】

知道事情做不成便不再用心，任其自然，这是聪明人的高明见地；知道事情做不成还竭尽全力，这是忠臣孝子赤诚之心的表现。

【原文】

小人只怕他有才，有才以济之，流害无穷；
君子只怕他无才，无才以行之，虽贤何补。

【译文】

只怕小人有才能，一旦才华助长了他行恶便会后患无穷；只怕君子无才华，没有才华帮助他行善，即使贤德又有什么补益。

养 生 类

【原文】

慎风寒，节饮食，是从吾身上却病法；
寡嗜欲，戒烦恼，是从吾心上却病法。

【译文】

注意时令变化防风寒，节制饮食，这是从自己身体上祛除疾病的方法；减少嗜好、欲念，消除烦恼，这是从自己心理上祛除疾病的方法。

【原文】

少思虑以养心气，寡色欲以养肾气，
勿妄动以养骨气，戒嗔怒以养肝气，
薄滋味以养胃气，省言语以养神气，
多读书以养胆气，顺时令以养元气。

【译文】

减少思考，来调养心气；淡漠色欲，来调养肾气；不要妄动，来调养筋骨；戒止发怒，来调养肝气；少食厚味，来调养胃气；减少话语，来调养神气；博览群书，来调养胆气；顺应时令，来调养元气。

【原文】

忧愁则气结，忿怒则气逆，恐惧则气陷，
拘迫则气郁，急遽则气耗。

【译文】

忧伤愁苦会使怨气郁结在胸中，忿怨愤怒会使出气不顺，惊恐畏惧会使心神沉落不浮，拘谨压抑会使心气纡郁不释，急躁浮嚣会使心气损耗不足。

【原文】

行欲徐而稳，立欲定而恭，
坐欲端而正，声欲低而和。

【译文】

走路应缓慢又稳健，站立应端直又恭敬；坐时应端庄又平正，说话应低沉又温和。

【原文】

心神欲静，骨力欲动。
胸怀欲开，筋骸欲硬。
脊梁欲直，肠胃欲净。
舌端欲卷，脚跟欲定。
耳目欲清，精魂欲正。

【译文】

心神应该保持平静稳定，骨力应该保持活动强健。胸怀应该保持宽阔豁达，筋骨应该保持灵活硬朗。脊梁应该保持端正挺直，肠胃应该保持素淡洁净。舌端应该保持谨慎少语，脚跟应该保持坚定不移。耳目应该保持聪明清彻，精神应该保持正直无邪。

【原文】

多静坐以收心，寡酒色以清心，去嗜欲以养心，
玩古训以警心，悟至理以明心。

【译文】

经常静坐思考可以收敛心神，减少饮酒色欲可以调养心神，摒除不良嗜好可以修养心神，诵读古训可以警示自己的心思，体悟至理名言可以清明自己的心思。

【原文】

宠辱不惊，肝木自宁。
动静以敬，心火自定。
饮食有节，脾土不泄。
调息寡言，肺金自全。
恬淡寡欲，肾水自足。

【译文】

宠辱不惊，则肝火自然不会旺盛；或动或静只要谨慎，则心自然安定；饮食有所节制，则脾胃不患疾病；调整呼吸少言语，则心肺自然保全；淡泊少欲，则肾气自然充足。

【原文】

道生于安静，德生于卑退，
福生于清俭，命生于和畅。

【译文】

伟大的思想自安静之中得来，高尚的品德于谦让之中养成，福气好运在清俭之中积累，生命在和畅的环境中才能展现活力。

【原文】

天地不可一日无和气，
人心不可一日无喜神。

【译文】

人的生活中不可一日无平和之气，人的心中不可一日无欢乐的情绪。

【原文】

拙字可以寡过，缓字可以免悔，退字可以远祸，
苟字可以养福，静字可以益寿。

【译文】

“拙”字可以使人少犯过错，“缓”字可以使人免除后悔，“退”字可以使人远离灾祸，“苟”字可以使人养福，“静”字可以使人增寿。

【原文】

毋以妄心戕真心，勿以客气伤元气。

【译文】

不要让荒谬不合理的心思扰乱了自己的本心，不要让外界的冷热阴暗伤害了自己的身体。

【原文】

拂意处要遣得过，清苦日要守得过，
非理来要受得过，忿怒时要耐得过，
嗜欲生要忍得过。

【译文】

不尽如人意之处要能自己排遣，日子清苦要能坚守得住，没有道理的事发生时要受得起，愤怒产生时要忍得住，欲念产生时要控制得住。

【原文】

言语知节，则愆尤少。举动知节，则悔吝少。
爱慕知节，则营求少。欢乐知节，则祸败少。
饮食知节，则疾病少。

【译文】

说话有收有放则失误少，行为有礼有节则悔恨少，爱慕有个界限则要求少，快乐有所收容则祸败少，饮食有所规范则疾病少。

【原文】

人知言语足以彰吾德，而不知慎言语乃所以养吾德；

人知饮食足以益吾身，而不知节饮食乃所以养吾身。

【译文】

人都知道说话足以彰显自己的品德，但不知说话谨慎可以修养品德；人都知道饮食可以补益身体，却不知节制饮食可以修养身体。

【原文】

闹时炼心，静时养心，坐时守心，

行时验心，言时省心，动时制心。

【译文】

热闹时沉定情绪可以锻炼心境，安静时专心一意可以怡养心境，坐时不胡思乱想可以守心，行动时可以考验心灵，说话时要不断反省自己，做事时要控制自己的行为。

【原文】

荣枯倚伏，寸田自开惠逆，何须历问塞翁；

修短参差，四体自造彭殇，似难专咎司命！

【译文】

荣与枯相互依存，心田开合之间，祸福自生，何必去问别人？寿命长短有别，四体自造寿夭，一切都是自然而成，何必去怪别人！

【原文】

节欲以驱二竖，修身以屈三彭，

安贫以听五鬼，息机以弭六贼。

【译文】

节制欲念，修养身心，安贫乐道，摒除机巧，都是驱逐病魔的良方。

【原文】

衰后罪孽，都是盛时作的；
老来疾病，都是壮年招的。

【译文】

衰败的恶果，都是因强盛时不知节制而埋下来的；人老后的疾病，都是因年轻时不知爱惜身体而招致的。

【原文】

败德之事非一，而酗酒者德必败；
伤生之事非一，而好色者生必伤。

【译文】

败坏德行的行为有许许多多，而酗酒必定是败德之一；伤害生命的行为也有千千万万，而好色必定是伤害身体的行为之一。

【原文】

木有根则荣，根坏则枯。
鱼有水则活，水涸则死。
灯有膏则明，膏尽则灭。
人有真精，保之则寿，戕之则夭。

【译文】

树木有根则茂盛，根腐则树枯；鱼要有水才能活，水干鱼则必死；灯要有油才能明亮，油尽了灯自然会灭；人要有真精神的保护才会长寿，损伤元气则必死。

敦　品　类

【原文】

欲做精金美玉的人品，定从烈火中锻来；
思立揭地掀天的事功，须向薄冰上履过。

【译文】

要想有如精美的白玉般坚定光洁的高尚人品，必须要在烈火般艰苦的斗争中锤炼；要想建立惊天动地的丰功伟业，必须在如履薄冰般险恶的环境里前进。

【原文】

人以品为重，若有一点卑污之心，
便非顶天立地汉子；
品以行为主，若有一件愧怍之事，
即非泰山北斗品格。

【译文】

人以品格作为立身之根本，假如存有一点卑劣污浊的思想，就不能称为顶天立地的丈夫；品格以行为作为立德之基础，假如做过一件令人惭愧的事情，便不能拥有如泰山北斗的人品。

【原文】

人争求荣乎，就其求之之时，已极人间之辱；
人争恃宠乎，就其恃之之时，已极人间之贱。

【译文】

世人不是都喜欢追求荣华的降临吗？岂知：在他孜孜以求荣华时，已经蒙受尽人间的奇耻大辱了。世人不是都渴望得到上司的宠幸吗？应知：在他苦苦倚仗宠幸时，已经沦落到人间最卑贱的地步了。

【原文】

丈夫之高华，只在于功名气节；
鄙夫之炫耀，但求诸服饰起居。

【译文】

大丈夫的高贵与荣耀，只在于名誉、功业、道德、情操；凡夫俗子所炫耀的，只不过是服装、饰物、住宅、生活。

【原文】

阿谀取容，男子耻为妾妇之道；
本真不凿，大人不失赤子之心。

【译文】

阿谀奉承以讨好别人，男子汉不屑干小妾邀宠的勾当；心地真诚的人不矫揉造作，大丈夫仍保持纯真朴拙的心。

【原文】

君子之事上也，必忠以敬，其接下也，必谦以和；
小人之事上也，必谄以媚，其待下也，必傲以忽。

【译文】

君子对待比自己地位高的人，一定是忠诚而恭敬的；而对待比自己地位低的人，必然是谦虚而和悦的。小人对待比自己地位高的人，一定是奉承而谄媚的；而对待比自己地位低的人，必然是傲慢而轻蔑的。

【原文】

立朝不是好舍人，自居家不是好处士；
平素不是好处士，由小时不是好学生。

【译文】

居家时不是有才德的人，入朝做官也必定不是好官；小时候不是一个好的学生，将来必不能成为一个有才德的人。

【原文】

做秀才如处子，要怕人。
既入仕如媳妇，要养人。
归林下如阿婆，要教人。

【译文】

读书学习的人要像女孩子那样，小心别人说闲话；做官之后要如同过了门的媳妇那样，使百姓能各有所养；年老辞官后要如同慈祥的老太婆，担负起教育后人的责任。

【原文】

贫贱时，眼中不著富贵，他日得志必不骄；
富贵时，意中不忘贫贱，一旦退休必不怨。

【译文】

贫贱之时不仰慕富贵，他日得志，一定不自骄；富贵之时不忘贫贱之日，即便失却富贵，心中也无怪怨。

【原文】

贵人之前莫言贱，彼将谓我求其荐；
富人之前莫言贫，彼将谓我求其怜。

【译文】

在有地位的人面前不要说自己卑贱，不然，他会认为你是在要求他推荐；在富有的人面前不要报怨自己的贫困，不然，他会认为你是在求他可怜。

【原文】

小人专望人恩，恩过辄忘；
君子不轻受人恩，受则必报。

【译文】

小人专门期望他人施恩，但受恩后就忘了恩人；君子则不轻易接受他人的帮助，一旦受恩于人，则必定想法报答。

【原文】

处众以和，贵有强毅不可夺之力；
持己以正，贵有圆通不可拘之权。

【译文】

以和气的态度与他人相处，贵在要有坚定不移的原则及立场；以严正的态度对待自己，贵在要处事灵活变通而不拘泥于形式。

【原文】

使人有面前之誉，不若使人无背后之毁；
使人有乍处之欢，不若使人无久处之厌。

【译文】

在面前受别人称赞，不如背后没有他人说坏话；与人相处能使他人获得短暂的快乐，不如与人来往长久而不使对方厌恶。

【原文】

媚若九尾狐，巧如百舌鸟，哀哉修此七尺之躯；
暴同三足虎，毒比两头蛇，惜乎坏尔方寸之地！

【译文】

谄媚像九尾狐，巧嘴像百舌鸟，多么的可悲啊，怎么能使七尺之躯蒙受这等羞辱？暴戾如三脚老虎，恶毒如两头蛇，多么的可惜啊，你的心怎么已败坏到这般田地了！

【原文】

到处伛偻，笑伊首何仇于天？何亲于地？
终朝筹算，问尔心何轻于命？何重于财？

【译文】

到处点头哈腰，可笑你的头为什么有仇于天而又有恩于地，抬不起来？终日谋划算计，试问你的心为什么如此地看轻生命而看重钱财？

【原文】

富儿因求宦倾资，污吏以黩货失职。

【译文】

富家子弟因求官位而倾尽家产，贪污的官吏因贪赃枉法而失职。

【原文】

亲兄弟析箸，璧合翻作瓜分；
士大夫爱钱，书香化为铜臭。

【译文】

亲兄弟不和睦，就如同价值连城的一组美玉，分散开来也如瓜果一般不值钱；士大夫爱钱，书香味便全化为铜臭味。

【原文】

士大夫当为此生惜名，不当为此生市名。
敦诗书，尚气节，慎取与，谨威仪，此惜名也。
竞标榜，邀权贵，务矫激，习模棱，此市名也。
惜名者，静而休；市名者，躁而拙。

【译文】

读书人应当为自己的一生爱惜自己的名誉，而不应为这一生出卖自己的名誉。钻研诗书，崇尚气节，谨慎取予，注重仪表，这就是爱惜名誉。相互竞争标榜，奉迎巴结权贵，显示自己，是非不分，这就是出卖名誉。爱惜名誉的人清静无为，出卖名誉的人急躁而拙劣。

【原文】

士大夫当为一家用财，不当为一家伤财。
济宗党，广束脩，救荒歉，助义举，此用财也。
靡苑囿，教歌舞，奢燕会，聚宝玩，此伤财也。
用财者，损而盈；伤财者，满而覆。

【译文】

读书人要为国家合理使用钱财，而不是浪费金钱。救济乡亲，聘请老师教学，赈济灾荒歉收，力助仗义疏钱之举，这些是使用钱财。而花钱布置庭园，唱歌跳舞，大宴宾客，积聚宝物等，这些都是浪费金钱。善用钱财的人钱虽花了但得到了更多的收益，伤财的人积聚虽多但最终还是倾家荡产。

【原文】

士大夫当为天下养身，不当为天下惜身。
省嗜欲，减思虑，戒忿怒，节饮食，此养身也。
规利害，避劳怨，营窟宅，守妻子，此惜身也。
养身者，啬而大；惜身者，膻而细。

【译文】

做官的人应为肩负天下重任而养身，而不是为个人私利而惜身。减少嗜欲，减除烦恼忧虑，戒除愤怒，节制饮食，这就是养身。谋求利益，回避辛劳与怨恨，营造屋宅，守着妻儿，这就是惜身。养身的人，不妄为而大方；惜身的人，庸俗而琐碎。

处 事 类

【原文】

处难处之事愈宜宽，处难处之人愈宜厚，
处至急之事愈宜缓，处至大之事愈宜平，
处疑难之际愈宜无意。

【译文】

处理难以处理的事，越是需要宽宏大量；对待难以对待的人，越是需要宽厚；处置非常紧急的事情，越是需要从容对待；处置至关重大的事情，越是需要镇定以对；处于遭受猜疑妒忌的艰难境地，越是需要胸中坦然，消除疑虑。

【原文】

无事时，常照管此心，兢兢然若有事；
有事时，却放下此心，坦坦然若无事。
无事如有事，提防才可弭意外之变；
有事如无事，镇定方可消局中之危。

【译文】

没有事情的时候，常要照管这颗心，好像有事一样小心谨慎；有了事情的时候，却要放下这颗心，好像没事一样泰然自得。没有事情能像有事一样提防，才可消除意外的变故；有了事情要像无事那样镇定，才可消除危险的局面。

【原文】

当平常之日，应小事宜以应大事之心应之。
盖天理无小，即目前观之，便有一个邪正，
不可忽慢苟简，须审理之邪正以应之方可。
及变故之来，处大事宜以处小事之心处之。
盖人事虽大，自天理观之，只有一个是非，
不可惊惶失措，但凭理之是非以处之便得。

【译文】

平常处理小的事情时，应当用处理大事一样慎重的态度去对待。因为天地间的道理不分大小，从眼前来看，便有正邪之分，不能疏忽怠慢、苟且敷衍，必须辨明道理的邪恶和正当，而后再采取行动。而当意外事故发生时，处理大的事情时需要用处理小事一样平静的心理去处理。因为人世间的事情虽然很大，但从道理看，只有一个是非之分，不能惊恐张惶，失了主意，只要根据道理的正确和错误加以处理就行了。

【原文】

缓事宜急干，敏则有功；
急事宜缓办，忙则多错。

【译文】

对于不着急办的事情，要急速解决，因为行动迅速往往获得成功；对于比较急迫的事情，应沉稳处理，因为急躁忙乱之中常常错漏百出，往往导致事情失败。

【原文】

不自反者，看不出一身病痛；
不耐烦者，做不成一件事业。

【译文】

不能自我反省的人，检查不出自身毛病；不能忍受麻烦的人，终究因没有耐性而一事无成。

【原文】

日日行，不怕千万里；常常做，不怕千万事。

【译文】

天天向前走，即便有千万里路，也能走得完；常常动手做，纵有千万件事，也能干得完。

【原文】

必有容，德乃大；必有忍，事乃济。

【译文】

必须有容人的肚量，才可有高尚的品德；必须有忍耐的精神，事情才能成功。

【原文】

过去事丢得一节是一节，
现在事了得一节是一节，
未来事省得一节是一节。

【译文】

已经过去了的事情，忘了一件是一件；现在的事情，做一件算一件；未来的事情，省一件便省去许多麻烦。

【原文】

强不知以为知，此乃大愚；
本无事而生事，是谓薄福。

【译文】

不懂装懂，这是最愚蠢之举；无事而自寻烦恼，这是命中福薄。

【原文】

居处必先精勤，乃能闲暇；
凡事务求停妥，然后逍遥。

【译文】

居家处事必先精勤，才能有所闲暇；一切事务都能处理妥当，才能逍遥自在。

【原文】

天下最有受用，是一闲字，然闲字要从勤中得来；
天下最讨便宜，是一勤字，然勤字要从闲中做出。

【译文】

天底下最让人感到舒适的是一个“闲”字，但是“闲”字要从勤快中得到；天底下最占便宜的是个“勤”字，然而“勤”字是从闲暇中做出。

【原文】

自己做事，切须不可迂滞，不可反覆，不可琐碎；
代人做事，极要耐得迂滞，耐得反覆，耐得琐碎。

【译文】

自己做事，切不可停滞不前、反复无常以及琐碎；替别人做事，却要不能怕麻烦、不能怕反复以及琐碎。

【原文】

谋人事如己事，而后虑之也审；
谋己事如人事，而后见之也明。

【译文】

给别人策划事时好像在给自己策划事一样，这样才能思虑周全；给自己策划事时如同给别人策划事一样，这样会看得更加清楚明白。

【原文】

无心者公，无我者明。

【译文】

心中没有成见，则处事自然公平；心中没有自我，则行为自然光明正大。

【原文】

置其身于是非之外，而后可以折是非之中；
置其身于利害之外，而后可以观利害之变。

【译文】

将自己置身于是非之外，才能客观地评断是非曲直；将自己置身于利害之外，才能看清辨明利害的变化。

【原文】

任事者，当置身利害之外；
建言者，当设身利害之中。

【译文】

当事人应置身于利害之外，这样才能公平；提出倡议的人则应设身于利害之中，才能设身处地地考虑。

【原文】

无事时，戒一偷字；有事时，戒一乱字。

【译文】

没事时要戒掉偷懒的毛病，有事时要戒掉乱做一团的做法。

【原文】

提得起，放得下；算得到，做得完；看得破，撇得开。

【译文】

做事要提得起，放得下，算得到，做得完，看得破，撇得开。

【原文】

救已败之事者，如驭临崖之马，休轻策一鞭；
图垂成之功者，如挽上滩之舟，莫少停一棹。

【译文】

补救失败的事情，就好像驾驭悬崖边的马，万不可轻策；对于即将成功的事情，就好像拉上沙滩的船，不能少划一桨。

【原文】

天下无不可化之人，但恐诚心未至；
天下无不可为之事，只怕立志不坚。

【译文】

天下的人没有不能教化的，就怕心意不真诚；天下的事没有干不成的，就怕立志不坚定。

【原文】

处人不可任己意，要悉人之情；
处事不可任己见，要悉事之理。

【译文】

与人相处，不能任性，要了解人情；做事情不可固执己见，要明白事理。

【原文】

见事贵乎明理，处事贵乎心公。

【译文】

看待事物最重要的是明白事理，处理事情最难得的是内心公平。

【原文】

君子当事，则小人皆为君子，
至此不为君子，真小人也。
小人当事，则中人皆为小人，
至此不为小人，真君子也。

【译文】

君子掌权临事，那么连小人都能变为君子，如果处在这样的环境下，还不能成为君子的，那就是不折不扣的小人了。小人弄权擅事，那么一般人都可能会沦为小人，处在这样的环境里，仍然能不沦为小人的，那就是真正的君子了。

【原文】

居官先厚民风，处事先求大体。

【译文】

当官从政，首先要使民风淳厚；处理事务，首先要抓住首要问题。

【原文】

小人处事，于利合者为利，于利背者为害；
君子处事，于义合者为利，于义背者为害。

【译文】

小人处事，以利为原则，合于个人利益的就看作是利，违背个人利益的就看作是害；君子办事，以义为标准，合于道义的就看作是利，违反道义的就看作是害。

【原文】

只人情世故熟了，甚么大事做不到？
只天理人心合了，甚么好事做不成？
只一事不留心，便有一事不得其理。
只一物不留心，便有一物不得其所。

【译文】

只要熟悉人情世故，还有什么大事做不到？只要合乎天理人心，还有什么好事办不成？如果对某一件事情不留心，这件事情便得不到应有的料理；如果对某一个物品不留心，那么这个物品便得不到合理的安排。

接 物 类

【原文】

事属暧昧，要思回护他，著不得一点攻讦的念头；
人属寒微，要思矜礼他，著不得一毫傲睨的气象。

【译文】

对待别人的暧昧之事，应该委曲袒护，而不可有半点揭短的意思；对待贫寒而卑微的人，则要以诚相待，而不应有一丝一毫的傲慢轻视。

【原文】

凡一事而关人终身，纵确见实闻，不可著口；
凡一语而伤我长厚，虽闲谈酒谑，慎勿形言。

【译文】

凡是关系别人终身命运的事，即使是亲眼所见、亲耳所闻，也不应开口；凡是有伤自己厚道的话，即便是喝酒闲聊时的笑谈，也不可乱说。

【原文】

严著此心以拒外诱，须如一团烈火，遇物即烧；
宽著此心以待同群，须如一片阳春，无人不暖。

【译文】

严格约束自己的心，以拒绝外来的诱惑，须像一团烈火一般，遇到外来的污秽杂物，即将之烧毁；心地宽容和善，对别人以诚相待，就像春天的太阳一般，无不给人温暖。

【原文】

待己当从无过中求有过，非独进德，亦且免患；
待人当于有过中求无过，非但存厚，亦且解怨。

【译文】

对待自己，应该从没有过错中寻找过失，这样不仅能使自己的思想品德得以提高，还能消除隐患；对待别人，应该从过失里寻找优点长处，这样不仅能让自己的心地宽厚，还能消除隔阂。

【原文】

遇事只一味镇定从容，虽纷若乱丝，终当就绪；
待人无半毫矫伪欺诈，纵狡如山鬼，亦自献诚。

【译文】

遇到事情若要镇定从容，即使此事再怎么纷繁复杂，终究也能理出头绪；待人无半点伪诈与欺骗，纵然对方再如何狡猾，最终也会被感动献出诚意。

【原文】

公生明，诚生明，从容生明。

【译文】

公正使人清明，诚恳使人清明，从容使人清明。

【原文】

人好刚，我以柔胜之。
人用术，我以诚感之。
人使气，我以理屈之。

【译文】

他人依仗刚强，我以柔韧制胜他；别人好使心术，我以诚恳感动他；别人意气用事，我用道理说服他。

【原文】

柔能制刚，遇赤子而贲育失其勇；
讷能屈辩，逢喑者而仪秦拙于词。

【译文】

柔能克刚，即使是孟贲和夏育，也会在初生的婴儿面前失去其刚勇；木讷能使善辩之士屈服，即使是苏秦和张仪，也会在哑巴面前无言以对。

【原文】

困天下之智者，不在智而在愚。
穷天下之辩者，不在辩而在讷。
伏天下之勇者，不在勇而在怯。

【译文】

使天下有智慧的人处于困顿之状的，不是聪明的人，而是愚笨的人；使雄辩家理屈辞穷的人，不是善辩的人，而是说话迟钝的人；使有勇力的人折服的，不是有勇力的人，而是怯懦的人。

【原文】

以耐事，了天下之多事；
以无心，息天下之争心。

【译文】

用忍耐之心了结天下的麻烦事，用不争之心平息天下相争的心。

【原文】

何以息谤？曰无辩；
何以止怨？曰不争。

【译文】

如何平息诽谤？就是不去辩白。如何消除怨恨？就是不加争辩。

【原文】

人之谤我也，与其能辩，不如能容；
人之侮我也，与其能防，不如能化。

【译文】

别人诽谤我，与其与他辩解，不如容忍他；别人侮辱我，与其提防他，不如同他化解怨仇。

【原文】

是非窝里，人用口，我用耳；
热闹场中，人向前，我落后。

【译文】

处于是非场中，人家用嘴说，我用耳朵听；身在热闹之所，他人争着向前，我则往后退。

【原文】

观世间极恶事，则一眚一慝，尽可优容；
念古来极冤人，则一毁一辱，何须计较。
彼之理是，我之理非，我让之；
彼之理非，我之理是，我容之。

【译文】

看了人世间最坏的事，则可以将一些罪过、一些邪恶尽可宽容；想到自古以来那些蒙受冤屈的人，则毁辱还有什么值得计较？他有理，我无理，我让他；他无理，我有理，则容忍他。

【原文】

能容小人，是大人；能培薄德，是厚德。

【译文】

能容忍小人的便是胸怀宽大之人；能修养薄德的人便是厚德之人。

【原文】

我不识何等为君子，但看每事肯吃亏的便是；
我不识何等为小人，但看每事好便宜的便是。

【译文】

我不知道什么样的人算是君子，但只要看到每件事都肯吃亏的人便是君子；我不知道什么样的人是小人，只要看到每件事都爱占便宜的人即是小人。

【原文】

律身惟廉为宜，处世以退为尚。

【译文】

自律惟有廉洁为宜，处事以退让为第一。

【原文】

以仁义存心，以勤俭作家，以忍让接物。

【译文】

把仁义存于心中，以勤俭主持家政，以忍让的态度去待人处事。

【原文】

径路窄处，留一步与人行；
滋味浓底，减三分与人尝。
任难任之事，要有力而无气；
处难处之人，要有知而无言。

【译文】

路径窄处，应留一步让别人通过；美味佳肴，要留一些让别人品尝。碰到难以处理、困难的事要有力而没有怨言；面对难以相处的人，要心中有数而口中不说。

【原文】

祸莫大于不仇人，而有仇人之辞色；
耻莫大于不恩人，而作恩人之状态。

【译文】

灾祸莫大于和没仇的人，却摆出一副仇人似的言语与脸色；羞耻莫大于跟不是恩人的人，却作出一副恩人似的姿态。

【原文】

善用威者不轻怒，善用恩者不妄施。

【译文】

善于使用威严态度的人不会轻易发怒，善于施恩的人从不乱施恩惠。

【原文】

宽厚者，毋使人有所恃；
精明者，不使人无所容。

【译文】

宽厚的人切勿使别人有所倚恃；精明的人从不让人无地自容。

【原文】

事有知其当变，而不得不因者，善救之而已矣；
人有知其当退，而不得不用者，善驭之而已矣。

【译文】

知道事情要有变化而不得不因循其变化的人，只是善于补救罢了；知道某人不该用却不得不用他的人，只是善于驾驭那人罢了。

【原文】

轻信轻发，听言之大戒也；
愈激愈厉，责善之大戒也。

【译文】

轻易相信，轻易发怒，是听别人讲话的最大忌讳；煽风激火，越激越厉，是劝别人从善的最大忌讳。

【原文】

处事须留余地，责善切戒尽言。

【译文】

处理事情，应当留有充分余地；劝勉从善，切勿把话说绝。

【原文】

施在我有余之惠，则可以广德；
留在人不尽之情，则可以全交。

【译文】

把自己所有的恩惠施给别人，就可以发扬我的德性；将人情留给友人，就可以使彼此间的友情更加长久。

【原文】

喜闻人过，不若喜闻己过；
乐道己善，何如乐道人善。

【译文】

喜欢听别人犯的过错，不如喜欢听到他人对自己所犯过失的批评；喜欢到处夸讲自己的长处，怎如津津乐道他人的长处。

【原文】

听其言，必观其行，是取人之道；
师其言，不问其行，是取善之方。

【译文】

听对方所说的话，还要观看他的道德行为如何，这是选用人才的正确方法；只学习他好的言论，不问他的道德行为如何，这是学习他的优点的方法。

【原文】

论人之非，当原其心，不可徒泥其迹；
取人之善，当据其迹，不必深究其心。

【译文】

评论他人的过错，应当探讨过错发生的缘由，不能只拘泥于事情本身；学习别人的善行，只要效法他的行为就可，没有必要探究其动机。

【原文】

小人亦有好处，不可恶其人，并没其是；
君子亦有过差，不可好其人，并饰其非。

【译文】

小人也有他自己的优点，不能因为讨厌他就连同他的优点一起讨厌；君子也有他自己的不足之处，不能因为喜欢他便连同他的缺点一起掩饰。

【原文】

小人固当远，断然不可显为仇敌；
君子固当亲，然亦不可曲为附和。

【译文】

小人固然应该被疏远，但却断然不可与之为仇敌；君子固应当加以亲近，但也不能曲意附和。

【原文】

待小人宜宽，防小人宜严。

【译文】

对待小人应宽大为怀，防范小人要严肃缜密。

【原文】

闻恶不可遽怒，恐为谗夫泄忿；
闻善不可就亲，恐引奸人进身。

【译文】

听到别人批评自己，不能发怒，恐怕有进谗言的人在泄私愤；听到别人夸赞自己，不可马上就与他亲近，恐怕有奸险的人借机靠近。

【原文】

先去私心，而后可以治公事；
先平己见，而后可以听人言。

【译文】

先去掉自己心中的杂念，才能公平地处理事情；先抛却自己心中的成见，才能接受别人提出的箴言。

【原文】

修己以清心为要，涉世以慎言为先。

【译文】

修身养性，以清心寡欲最为重要。经历世事，以谨慎说话为首先。

【原文】

恶莫大于纵己之欲，祸莫大于言人之非。

【译文】

最大的恶行莫过于放纵自己的欲望，最大的祸事莫过于说别人的是非。

【原文】

人生惟酒色机关，须百炼此身成铁汉；
世上有是非门户，要三缄其口学金人。

【译文】

酒色的诱惑充斥着人生，要锻炼自己成为不受诱惑的铁汉；是非纠葛充斥着整个社会，要学金人一般保持沉默。

【原文】

工于论人者，察己常阔疏；
狃于讦直者，发言多弊病。

【译文】

专好议他人是非的人，对自己的行为则常常疏于反省；惯于斥责正直人士的人，所说的话常常错误百出。

【原文】

居视其所亲，富视其所与，达视其所举，
穷视其所不为，贫视其所不取。

【译文】

居家时看他如何对待自己的亲人，富贵时看他给予别人的是什么，发达时看他的所作所为，穷困时看他之所不为，贫寒时看他之所不取。

【原文】

取人之直，恕其戆。取人之朴，恕其愚。
取人之介，恕其隘。取人之敬，恕其疏。
取人之辩，恕其肆。取人之信，恕其拘。

【译文】

取他人之直率，就得宽恕他的憨傻。取他人之纯朴，就得宽恕他的愚钝。取他人之耿介，就得宽恕他的狭隘。取他人之严肃慎重，就得宽恕他的疏漏。取他人之辩才，就得宽恕他的放肆。取他人之诚信，就得宽恕他的拘谨。

【原文】

遇刚鲠人，须耐他戾气。遇骏逸人，须耐他妄气。
遇朴厚人，须耐他滞气。遇佻达人，须耐他浮气。

【译文】

遇到耿直的人，须忍耐其暴躁的脾气。遇到俊逸洒脱的人，须忍耐他的狂妄的举动。遇到朴实厚道的人，须忍耐他的迟钝。遇到轻浮的人，须忍耐他的浮躁。

【原文】

人褊急，我受之以宽宏；
人险仄，我平之以坦荡。

【译文】

别人气量狭小，我以宽宏大量的胸怀来接受他；别人阴险狡诈，我用坦荡的胸怀对待他。

【原文】

持身不可太皎洁，一切污辱垢秽，要茹纳得；
处世不可太分明，一切贤愚好丑，要包容得。

【译文】

修身不能太清白，要能容纳一切污秽诟病；处事不可太认真，要能包容一切贤愚美丑。

【原文】

律己宜带秋风，处世须带春风。

【译文】

严格要求自己要像秋风扫落叶一般干净利落，亲切对待他人要像春风般温暖和煦。

【原文】

爱人而人不爱，敬人而人不敬，君子必自反也；
爱人而人即爱，敬人而人即敬，君子益加谨也。

【译文】

爱护别人，但别人不爱护自己；敬重别人，但别人不敬重自己。如果是君子，他一定就会自我反省。爱护他人，而他人也爱护自己；敬重他人，而他人也敬重自己。如果是君子他便会更加谦逊慎重。

【原文】

人若近贤良，譬如纸一张；
以纸包兰麝，因香而得香；
人若近邪友，譬如一枝柳；
以柳贯鱼鳖，因臭而得臭。

【译文】

人如果接近贤良之人，就好像用白纸包裹芝兰麝香一样，纸也会因花香而得香；人假若接触邪恶之徒，就好像用柳条串穿鱼鳖一样，柳条也会沾上臭味。

【原文】

人未已知，不可急求其知；
人未已合，不可急与之合。

【译文】

别人不了解自己，不能急于让他了解自己；别人同自己合不来，不能急于和他交往。

【原文】

落落者难合，一合便不可离；
欣欣者易亲，乍亲忽然成怨。

【译文】

性格孤僻的人一般难于和别人相处，然而一旦相交，就情深意笃，永不分离；满面喜色的人容易和别人亲近，但亲近没几天，就骤然结怨，分道扬镳。

【原文】

能媚我者，必能害我，宜加意防之；
肯规予者，必肯助予，宜倾心听之。

【译文】

凡是巴结取悦我的人一定也会加害于我，故而应小心在意予以防范；愿意批评劝告我的人一定也愿意帮助我，故而应一心一意倾听他的批评。

【原文】

大恶多从柔处伏，慎防绵里之针；
深仇常自爱中来，宜防刀头之蜜。

【译文】

大的罪恶多阴匿于阴柔的地方，所以要谨防那些大的罪恶就像防藏在棉被中的针一样；深仇大恨常因爱而产生，所以要谨防那些深仇大恨就像防甜蜜背后的利刃一样。

【原文】

惠我者小恩，携我为善者大恩；
害我者小仇，引我为不善者大仇。

【译文】

施好处给我的是小恩，能带领我从善的是大恩；加害我是小仇，引诱我做坏事的才是大仇。

【原文】

毋受小人私恩，受则恩不可酬；
毋犯士夫公怒，犯则怒不可救。

【译文】

千万不要接受小人的恩惠，因为他们的恩惠将难以回报；不要引起官吏的公愤，否则将怒不可遏。

【原文】

喜时说尽知心，到失喜须防发泄；
恼时说尽伤心，恐再好自觉羞惭。

【译文】

处得高兴时说尽知心话，到交情破裂时要防止恶言攻击；生气时说尽伤心话，恐怕再和好时自己也觉得羞惭。

【原文】

盛喜中勿许人物，盛怒中勿答人言。

【译文】

太过得意的时候，切莫许诺别人什么；怒气特别大的时候，不要与别人说话。

【原文】

顽石之中，良玉隐焉；寒灰之中，星火寓焉。

【译文】

顽石之中有美玉隐藏，寒灰之中亦有火星闪烁。

【原文】

对痴人莫说梦话，防所误也；
见短人莫说矮话，避所忌也。

【译文】

对痴人不要说不可能实现的梦话，以防误导他人；对身矮的人，不要说高矮的话，须避他猜忌在心。

【原文】

面谀之词，有识者未必悦心；
背后之议，受憾者常至刻骨。

【译文】

阿谀奉承的话，有见识的人听之未必高兴；背后议论他人是非，当事人知道后必定恨之入骨。

【原文】

攻人之恶毋太严，要思其堪受；
教人以善毋过高，当使其可从。

【译文】

指责别人的错误时不能太苛刻，要想想他的承受能力；教人为善时不能要求过高，应使他能够实行。

【原文】

不可无不可，一世之识；不可有不可，一人之心。

【译文】

不可认为世上没有什么办不到的事情，这是对客观事物的认识；不可认为世上有办不到的事情，这是指一个人的心态。

【原文】

事有急之不白者，缓之或自明，毋急躁以束其戾；
人有操之不从者，纵之或自化，毋操切以益其顽。

【译文】

事情紧迫又难弄明白，缓一段时间或许自己就会明白，切勿急躁以免难度加剧；人有想管教但又说服不了他的，放任他或许他自己会省悟，不要太急于控制他反而让他更加顽劣。

【原文】

遇矜才者，毋以才相矜，但以愚敌其才，便可压倒；
遇炫奇者，毋以奇相炫，但以常敌其奇，便可破除。

【译文】

遇到以才高自居的人，不要以才华与他相较量，只要用愚笨的方法与他所谓的才学相抗衡，便可以制服他；遇到爱炫耀新奇的人，不要用奇特的东西与他相较量，只要用平常的东西来与他的新奇对比，便能破除他的炫耀之心。

【原文】

直道事人，虚衷御物。

【译文】

以直爽与道义之心待人接物，以虚怀与正直之心统御万物。

【原文】

不近人情，举足尽是危机；
不体物情，一生俱成梦境。

【译文】

不合乎人情常理，即便是抬脚走路也会遇到危险；不考虑客观事物的道理，一生终会犹如梦境。

【原文】

己性不可任，当用逆法制之，其道在一忍字；
人性不可拂，当用顺法调之，其道在一恕字。

【译文】

自己的性情不可放任，应用悖逆法抑制它，其方法关键在于一个“忍”字；他人的性情不可违背，应用顺应法调节它，其方法关键在于一个“恕”字。

【原文】

仇莫深于不体人之私，而又苦之；
祸莫大于不讳人之短，而又讦之。

【译文】

结仇莫大于不体谅别人的隐私，而又使其苦恼；酿灾祸莫大于不避讳别人的短处，而又加以攻击他。

【原文】

处富贵之时，要知贫贱的痛痒；
值少壮之日，须念衰老的辛酸。

【译文】

富贵之时要知道贫贱之人生活的痛苦；年轻力壮之时要想到年老体衰时的辛酸。

【原文】

入安乐之场，当体患难人景况；
居旁观之地，务悉局内人苦心。

【译文】

处于安乐场所时应当体会患难人的境遇；作为旁观者，务必理解当事人的苦衷。

【原文】

临事须替别人想，论人先将自己想。

【译文】

遇到事情是应先替别人考虑一下，议论别人时先要思量一下自己的行为。

【原文】

欲胜人者先自胜，欲论人者先自论，
欲知人者先自知。

【译文】

要想战胜别人，首先要战胜自己；想要议论别人，首先要检讨自己；想要了解别人，首先要了解自己。

【原文】

待富贵人，不难有礼而难有体；
待贫贱人，不难有恩而难有礼。

【译文】

对待富贵的人，做到有礼并不难，难在是否得体；对待贫贱的人，做到有恩并不难，难在是否有礼。

【原文】

对愁人勿乐，对哭人勿笑，对失意人勿矜。

【译文】

对满面愁容的人切勿展现快乐，对哭泣伤心的人切勿露出自己的笑脸，对失意的人切勿表现出骄矜之气。

【原文】

见人背语，勿倾耳窃听。
入人私室，勿侧目旁观。
到人案头，勿信手乱翻。

【译文】

碰到有人背后私语，不要去偷听；进入别人房间，不要东张西望；在别人书桌前，不要随便乱翻。

【原文】

不蹈无人之室，不入有事之门，不处藏物之所。

【译文】

不要进入没人的房间，不要来到有是非的地方，不要在贮存贵重物品的地方停留。

【原文】

俗语近于市，纤语近于娼，诨语近于优。

【译文】

充满俗气的话像市场的人所说，满含柔情的话像娼门的人所说，过于逗趣的话像唱戏的人所说。

【原文】

闻君子议论，如啜苦茗，森严之后，甘芳溢颊；
闻小人谄笑，如嚼糖霜，爽美之后，寒沍凝胸。

【译文】

听君子的谈论像喝苦茶，苦涩之后，倒觉甘甜芳香充溢于面颊；听到小人谄媚之笑，像吃糖一样，甜美过后，便觉胸中寒冷如霜冻一般。

【原文】

凡为外所胜者，皆内不足；
凡为邪所夺者，皆正不足。

【译文】

凡被外部事物所战胜者，皆因内心定力不足所致；凡被奸邪所战胜者，皆无光明正大之气可言。

【原文】

存乎天者，于我无与也；穷通得丧，吾听之而已。
存乎我者，于人无与也；毁誉是非，吾置之而已。

【译文】

凡由上天决定的，我无法参与；穷困通达得失，我只能顺其自然。凡自己能决定的事情，他人无法干预；誉辱是非，我只好随它而去。

【原文】

小人乐闻君子之过，君子耻闻小人之恶。

【译文】

小人最喜欢听到君子犯了过错，君子则耻于听到小人所做的恶事。

【原文】

慕人善者，勿问其所以善，
恐拟议之念生，而效法之念微矣；
济人穷者，勿问其所以穷，
恐憎恶之心生，而恻隐之心泯矣。

【译文】

仰慕他人的善行，不必问他为何行善，恐怕产生怀疑的念头，从而打消为善的念头；救济贫困，不要问他何以穷困，恐怕产生厌恶从而泯灭了帮助他人的善心。

【原文】

时穷势蹙之人，当原其初心；
功成名立之士，当观其末路。

【译文】

穷困无地位的人，应想想自己当初的壮志雄心；功成名就之士，应当看他最终的结局。

【原文】

踪多历乱，定有必不得已之私；
言到支离，才是无可奈何之处。

【译文】

经历风雨离乱，肯定有其迫不得已的隐私；话未说完而无法说下去，才是无可奈何的表现。

【原文】

惠不在大，在乎当厄；怨不在多，在乎伤心。

【译文】

恩惠不在大小，而在于受恩者是否处于危险之境；怨恨不在多少，而在于是否令人伤心。

【原文】

两惠无不释之怨，两求无不合之交，两怒无不成之祸。

【译文】

双方都施惠，没有解除不了的怨恨；双方都求和，没有不能和好的友情；双方都发怒，没有酿不成的灾祸。

齐 家 类

【原文】

勤俭，治家之本。和顺，齐家之本。谨慎，保家之本。诗书，起家之本。忠孝，传家之本。

【译文】

勤劳俭朴，是管理家庭生活的根本；和谐安顺，是使家人齐心协力的根本；谨慎持重，是使家庭平安的根本；诗书文章，是使家庭兴旺发达的根本；忠孝道德，是使家庭传续存世的根本。

【原文】

天下无不是底父母，世间最难得者兄弟。

【译文】

对子女来说，世上没有不对的父母；对兄弟姐妹来说，世间最珍贵的莫过于手足之情。

【原文】

以父母之心为心，天下无不友之兄弟。
以祖宗之心为心，天下无不知之族人。
以天地之心为心，天下无不爱之民物。

【译文】

用父母的慈爱之心对待手足，天下就没有不亲如一家的兄弟；用祖先的仁爱对待同宗，天下就没有不和睦的宗族；用天地的博爱对待他人，天下就没有不敬爱的百姓。

【原文】

父母所欲为者，我继述之；
父母所重念者，我亲厚之。

【译文】

父母生前想要完成的事，我要继续遵循以至完成；父母生前经常挂念的人，我要亲近、厚待他们。

【原文】

婚而论财，究也夫妇之道丧；
葬而求福，究也父子之恩绝。

【译文】

婚嫁如果只论钱财之事，夫妇之道将会丧失殆尽；丧葬如果只乞求福穴，父子的恩情将会断绝。

【原文】

君子有终身之丧，忌日是也；
君子有百世之养，邱墓是也。

【译文】

君子有终身服丧的一天，那就是父母的忌日；君子延续其百世的后代，靠的就是隆起的坟丘。

【原文】

兄弟一块肉，妇人是刀锥；
兄弟一釜羹，妇人是盐梅。

【译文】

兄弟好比是一块肉，而妻子则是那割开骨肉的刀子和利锥；兄弟宛若一锅汤，而妻子正像是或酸或咸的调味品。

【原文】

兄弟和，其中自乐；子孙贤，此外何求！

【译文】

兄弟和睦，其中自有其快乐；子孙贤良，还有什么再可求的？

【原文】

心术不可得罪于天地，言行要留好样与儿孙。

【译文】

心术不可违背天地意志，言行举止要做好榜样给子孙。

【原文】

问祖宗之泽，吾享者是，当念积累之难；
问子孙之福，吾贻者是，要思倾覆之易。

【译文】

问祖宗的福泽在哪里，我现在享受的就是，故而要体会祖宗当初积德的艰难。问子孙的福泽在哪里，我所遗留的就是，因此要考虑到倾覆的容易。

【原文】

祖宗富贵，自诗书中来，子孙享富贵，则弃诗书矣；
祖宗家业，自勤俭中来，子孙享家业，则忘勤俭矣。

【译文】

祖宗的富贵来自于读书，而子孙享受富贵，却将读书抛弃了；祖宗的家业来自于勤俭，而子孙享用这份家业却忘记了要勤俭。

【原文】

子弟有才，制其爱毋弛其诲，故不以骄败；
子弟不肖，严其诲毋薄其爱，故不以怨离。

【译文】

子女有才华，要抑制对他的爱，但是对他的教诲却不能放松，所以子女才不会因骄傲而失败。子女品行不佳，除了要严加管教，还要不减少对他们的爱护，这样他们才不会因怨恨而远离。

【原文】

雨泽过润，万物之灾也。
恩崇过礼，臣妾之灾也。
情爱过义，子孙之灾也。

【译文】

雨可以滋润万物，但是下得太多就会造成涝灾。恩宠太多，超过礼数，就是臣子和小妾的灾害。情爱超过公正与适宜的程度，则成为子孙的灾害。

【原文】

安详恭敬，是教小儿第一法；
公正严明，是做家长第一法。

【译文】

安详而有礼貌，是教导小孩的第一规范；公正而且严明，是做父母的第一规范。

【原文】

遇朋友交游之失，宜剀切，不宜游移；
处家庭骨肉之变，宜委曲，不宜激烈。

【译文】

交朋友失误，应当切实断绝，不可犹豫不决；处理家庭亲骨肉之间的祸变，应当采用委婉平和的方法加以处理，不要过激。

【原文】

未有和气萃焉，而家不吉昌者；
未有戾气结焉，而家不衰败者。

【译文】

从来没有家庭和睦共处，而家不吉祥昌盛的；从来没有家庭中充满暴戾之气，而家不衰亡败落的。

【原文】

闺门之内，不出戏言，则刑于之化行矣；
房帷之中，不闻戏笑，则相敬之风著矣。

【译文】

在妻子的房内不说轻薄的话语，则夫妻关系融洽和睦；在床榻之上不调情嬉笑，那么、夫妻双方相敬如宾的家风随之而形成。

【原文】

奴仆得罪于我者尚可恕，得罪于人者不可恕；
子孙得罪于人者尚可恕，得罪于天者不可恕。

【译文】

奴仆得罪了我尚可以宽恕，如果得罪了他人，那就决不宽恕；子孙得罪了他人尚可以饶恕，如果违背了天理则决不轻饶。

【原文】

奴之不祥，莫过于传主人之谤语；
主之不祥，莫大于信仆婢之谮言。

【译文】

奴仆的不祥莫大于传播别人指责主人的话语；主人的不祥莫大于听信奴婢诬陷别人的话语。

【原文】

治家严，家乃和；居乡恕，乡乃睦。
治家忌宽，而尤忌严；居家忌奢，而尤忌啬。

【译文】

治家严则家庭和睦；居于乡里能宽恕别人，则邻里的人就能和睦。治理家政切忌过宽，更忌过严；料理家务切忌奢侈，更忌吝啬。

【原文】

无正经人交接，其人必是奸邪；
无穷亲友往来，其家必然势利。

【译文】

没有正派君子和此人交往的，他一定是奸邪之徒；没有穷贱亲友和他来往的，这人必然是势利小人。

从 政 类

【原文】

眼前百姓即儿孙，莫谓百姓可欺，
且留下儿孙地步；
堂上一官称父母，漫道一官好做，
还尽些父母恩情。

【译文】

眼前的百姓就是儿孙，不要认为百姓可欺，应该为自己的子孙留下余地；公堂之上称县官为父母，不要以为县官好做，应该尽到做父母官的恩情。

【原文】

善体黎庶情，此谓民之父母；
广行阴骘事，以能保我子孙。

【译文】

从政能够做到体恤黎民百姓之疾苦，便是民之父母；多做好事、广积阴德，为官可保我子孙后代兴旺昌盛。

【原文】

封赠父祖，易得也。无使人唾骂父祖，难得也。
恩荫子孙，易得也。无使我毒害子孙，难得也。

【译文】

凭自己的功绩使父辈封官晋爵很容易做到，但从政治民，不让别人唾骂父辈，却不容易。凭本人的功勋恩庇子孙是容易办到的，但不使我毒害子孙，却是很难做到的。

【原文】

洁己方能不失己，爱民所重在亲民。

【译文】

洁身自好方能不丧失自己，保持气节清名；爱护百姓重在亲近百姓，从而与民亲近无间。

【原文】

严以驭役而宽以恤民，
极于扬善而勇于去奸，
缓于催科而勤于抚字。

【译文】

衙门官吏必须加以严格的管理，而百姓要宽恕地体恤；善行要竭力表彰，奸邪而要狠狠地铲除；地租税要和缓催交，安抚百姓则要勤奋。

【原文】

催科不扰，催科中抚字；
刑罚不差，刑罚中教化。

【译文】

催缴赋税却不惊扰百姓，是因为在征税的过程中安抚了百姓；执行刑罚不能有所偏差，要通过刑罚教化百姓。

【原文】

刑罚当宽处即宽，草木亦上天生命；
财用可省时便省，丝毫皆下民脂膏。

【译文】

刑罚当宽处就要宽大，即便是草木也都是上天赋予的生命；钱财能省时就要节省，即使是一丝一毫也都是劳动人民的血汗。

【原文】

居家为妇女们爱怜，朋友必多怒色；
做官为衙门人欢喜，百姓定有怨声。

【译文】

在家里受到妻儿的爱怜，而疏远了朋友，必定会引起朋友的不满；做官只图衙门里的人喜欢，黎民百姓一定会怨声载道。

【原文】

住世一日，要做一日好人；
为官一日，要行一日好事。

【译文】

活着一天便要做一天的好人，当官一天就要做一天的好事。

【原文】

平日诚以治民，而民信之，
则凡有事于民，无不应矣；
平日诚以事天，而天信之，
则凡有祷于天，无不应矣。

【译文】

平时以真诚的态度治理百姓，百姓就会信任，有事需要百姓出力，则没有不答应的；平日以虔诚的态度侍奉上天，上天也会信任，若有祈求于上天，则没有不回应的。

【原文】

平民肯种德施惠，便是无位底卿相；
士夫徒贪权希宠，竟成有爵底乞儿。

【译文】

平民百姓如若愿意积德施恩惠，即使没有官位，也是大官；高官贵族如果利欲熏心、希望取宠，即便是有官位，也如乞丐一般。

【原文】

毋矜清而傲浊，毋慎大而忽小，毋勤始而怠终。

【译文】

不要矜持清高、傲视一切；切勿大事谨慎而忽略小事；切勿做事有始无终、半途而废。

【原文】

以林皋安乐懒散心做官，未有不荒怠者；
以在家治生营产心做官，未有不贪鄙者。

【译文】

以隐居山林悠闲慵懒的心态来做官，政事没有不荒废的；以治理经营自家产业的心态做官，没有不贪婪的。

【原文】

念念用之君民，则为吉士。
念念用之套数，则为俗吏。
念念用之身家，则为贼臣。

【译文】

念念不忘国家和百姓的人则为吉祥的人；凡事只作表面功夫的官是俗吏；时时不忘自身利益的人便是贼臣。

【原文】

古之从仕者养人，今之从仕者养己。
古之居官也，在下民身上做工夫；
今之居官也，在上官眼底做工夫。

【译文】

古代做官的人考虑的是百姓，现在做官的人则关心的是自己。古代做官的人在平民百姓的身上下功夫，为百姓谋福利；现在做官的人则在上司眼皮底下做功夫，为自己寻利益。

【原文】

在家者不知有官，方能守分；
在官者不知有家，方能尽分。

【译文】

在家的人没有当官的心，才能守本分；做官的人忘却了自家的利益，才能尽做官的本分。

【原文】

君子当官任职，不计难易，
而志在济人，故动辄成功；
小人苟禄营私，只任便安，
而意在利己，故动多败事。

【译文】

君子做官不计较事情难办与否，其心意在于救济他人，所以经常能成功；小人做事则只贪图私利，只做易办之事，其意在于利己，所以往往身败名裂。

【原文】

职业是当然底，每日做他不尽，莫要认作假；
权势是偶然底，有日还他主者，莫要认作真。

【译文】

职务是理所当然的，每天做都做不完，所以要努力、认真地去完成；权势是偶然的，总有一天要转交给其他的人，所以不必把权势太当真。

【原文】

士大夫济人利物，宜居其实，
不宜居其名，居其名则德损；
士大夫忧国为民，当有其心，
不当有其语，有其语则毁来。

【译文】

士大夫救济百姓，做有益的事情，应讲求实效，而不应追求名声，追求名声就会损害道德；士大夫忧国忧民，应该发自真心而不应满口空谈，满口空谈，就会招来毁谤。

【原文】

以处女之自爱者爱身，以严父之教子者教士。
执法如山，守身如玉，爱民如子，去蠹如仇。

【译文】

像纯洁的处女那样爱惜自身的名节，像严厉的父亲教育儿子那样教诲后生的品学。执行法令，像山脉那样毫不动摇；保持节操，像美玉那样洁白无瑕；爱护百姓，像对待自己的儿女一般真诚；铲除奸贼，像对仇敌那样决不留情。

【原文】

陷一无辜，与操刀杀人者何别；
释一大憝，与纵虎伤人者无殊。

【译文】

陷害一个无辜者，同持刀杀人有什么区别；释放一个罪大恶极的逃犯，与纵虎伤人没什么两样。

【原文】

针芒刺手，茨棘伤足，举体痛楚，
刑惨百倍于此，可以喜怒施之乎；
虎豹在前，坑阱在后，百般呼号，
狱犴何异于此，可使无辜坐之乎。

【译文】

用针芒刺手，以荆棘刺脚，整个身体疼痛无比，难以忍耐，而酷刑比这还要痛苦百倍。怎么能够仅凭自己的喜怒哀乐就随便施行种种严厉的刑罚呢？虎狼在前，深谷在后，呼号不断，牢狱的折磨和这有什么区别。怎么能够把无辜者投入大牢，去遭受这无端的摧残呢？

【原文】

官虽至尊，决不可以人之生命，佐己之喜怒；
官虽至卑，决不可以己之名节，佐人之喜怒。

【译文】

官位再高，也决不能仅凭自己的喜怒哀乐去决定他人的生死；官职虽低，也决不能以自己的名声和节操去讨别人的欢心。

【原文】

听断之官，成心必不可有；
任事之官，成算必不可无。

【译文】

判决讼案的法官心中不得存有成见；办理事务的官员，决不能没有成熟的计划。

【原文】

无关紧要之票，概不标判，则吏胥无权；
不相交涉之人，概不往来，则关防自密。

【译文】

无关紧要的政令批文，概不签发，这样那些想伺机滥用权力的官差就无机可乘；公务中不相往来的人，概不结识，这样便可防备万一，保守秘密。

【原文】

无辜牵累难堪，非紧要，
只须两造对质，保全多少身家；

疑案转移甚大，无确据，
便当末减从宽，休养几人性命。

【译文】

无辜的人受到牵连总是令人难为情，只要不是重大案件，传双方当事人当面对质、弄清事实，就可使许多人的名誉得到保全；复杂疑难的案件，又没有确凿的证据，就应该从宽处理，尽量使涉案人的性命得以保全。

【原文】

呆子之患，深于浪子，以其终无转智；
昏官之害，甚于贪官，以其狼籍及人。

【译文】

痴呆人给家庭带来的后祸要比放纵的人更深，因为痴呆的人永远没有变明智的一天；昏庸的官吏给社会带来的危害要比贪婪的官吏更大，因为昏庸无能会使大量无辜的人受到伤害。

【原文】

官肯着意一分，民受十分之惠；
上能吃苦一点，民沾万点之恩。

【译文】

做官的人关心百姓一分，百姓受到的恩惠就有十分；上面做官的能吃一点苦，百姓就能受惠无穷。

【原文】

礼繁则难行，卒成废阁之书；
法繁则易犯，益甚决裂之罪。

【译文】

礼节繁杂到难以遵行，最终于能成为废弃的条文而被束之高阁；法律太过庞杂，百姓一不小心就会触犯法律，其后果比犯了死罪还厉害。

【原文】

非甚不便于民，且莫妄更；
非大有益于民，则莫轻举。

【译文】

若不是极为不便于百姓的法令，切莫轻易变动；如果不是非常有利于百姓的法令，切莫轻举妄动。

【原文】

情有可通，莫将旧有者过裁抑，以生寡恩之怨；
事在得已，莫将旧无者妄增设，以开多事之门。

【译文】

情有可通的，就让其存在，过度抑制原先就已存在的民情，会使百姓产生怨恨；事有不得已，不做前所未有之事，否则只会增加百姓的麻烦。

【原文】

事在当因，不为后人开无故之端；
事在当革，无使后人长不救之祸。

【译文】

应当沿袭的旧有法律，不要改革，以免为后人随意改法令开个头儿。应当改革的法令必须改革，以免使后人遭受难以弥补的祸患。

【原文】

利在一身勿谋也，利在天下者谋之；
利在一时勿谋也，利在万世者谋之。

【译文】

如果是为一部分人谋取利益，则不必谋取；如果是为全天下的人民，则尽心策划。如果只是为了眼前的利益，则不必费心；反之，如果是为了万世的子民，当尽心策划。

【原文】

莫为婴儿之态，而有大人之器。
莫为一身之谋，而有天下之志。
莫为终身之计，而有后世之虑。

【译文】

不要做出小孩子的举动，要有成年人的器量。不要只为一个人谋福利，要有替天下谋福的志气。不要只为自己一生谋划，而应考虑到子孙后代的利益。

【原文】

用三代以前见识，而不失之迂；
就三代以后家数，而不邻于俗。

【译文】

用三代以前的见识来处理事务，但不要过于拘泥和迂腐；用三代之后的方略来治理国家，就不会落入俗套。

【原文】

大智兴邦，不过集众思；
大愚误国，只为好自用。

【译文】

用智慧振兴国家，乃是集众多人的智慧为一体；因愚蠢而使国家遭受祸害，只是因为当权者刚愎自用。

【原文】

吾爵益高，吾志益下。
吾官益大，吾心益小。
吾禄益厚，吾施益博。

【译文】

我的爵位愈高，志气愈小。我做的官愈大，欲念愈少。我的俸禄愈多，施舍愈广。

【原文】

安民者何？无求于民，则民安矣；
察吏者何？无求于吏，则吏察矣。

【译文】

怎样使百姓安乐？只要不向百姓索求财物，百姓就会安乐了。怎样监督官吏？只要不向官吏要求太多，官吏就可以清明了。

【原文】

惟有主，则天地万物自我而立；
必无私，斯上下四旁咸得其平。

【译文】

只有对事物有了正确的理解，对待事物才会有自己的准则；只有自己的心中没有了私心，这样才能公正平和地对待一切。

【原文】

治道之要，在知人。君德之要，在体仁。
御臣之要，在推诚。用人之要，在择言。
理财之要，在经制。足用之要，在薄敛。
除寇之要，在安民。

【译文】

治国的关键在于知人善任，君王的德行关键在于体现仁爱，驾驭众臣的关键在于以诚相待，用人的关键在善于纳言，理财的关键在于经营管理中要有强有力的约束，丰衣足食的关键在于轻征薄赋，消除盗匪的关键在于安定民心。

【原文】

未用兵时，全要虚心用人；
既用兵时，全要实心活人。

【译文】

未使用军队作战之时，为政者要虚怀若谷，广纳贤才；一到用兵之时，为政者更应真心真意地爱护他们，切忌穷兵黩武。

【原文】

庙堂之上，以养正气为先；
海宇之内，以养元气为本。

【译文】

朝廷之上，以养凛然正气为首要；四海之内，以养百姓、增强国力为根本。

【原文】

人身之所重者元气，国家之所重者人才。

【译文】

人身最为重要的是生命力要旺盛，国家最为重要的是人才要充足。

惠言类

【原文】

圣人敛福，君子考祥。作德日休，为善最乐。

【译文】

圣人聚集福分，君子造就吉祥。修养德行日趋完善，行善最为快乐。

【原文】

开卷有益，作善降祥。

【译文】

只要读好书，必定有收获；只要做好事，必定获吉祥。

【原文】

崇德效山，藏器学海。群居守口，独坐防心。

【译文】

像高山那样，道德崇高，光大发扬；像大海那样，隐蕴才华，待机而起。和众人在一起，说话要谨慎；独自闲坐时，防心思意念杂乱。

【原文】

知足常乐，能忍自安。

【译文】

知道满足的人，经常快乐；能忍一时之气的人，自然消祸免灾。

【原文】

穷达有命，吉凶由人。

【译文】

人生得志与失意，全由上天来操纵；人世有吉有凶，皆由自己来把握。

【原文】

以镜自照见形容，以心自照见吉凶。

【译文】

用镜子照见的是自己的容貌体态，用心灵预见的是将来的吉凶祸福。

【原文】

要好儿孙，须方寸中放宽一步；
欲成家业，宜凡事上吃亏三分。

【译文】

想要造福儿孙后代，对待他人则要宽容、忍让；要想成家立业，应该事事谦让，不可斤斤计较。

【原文】

留福与儿孙，未必尽黄金白镪；
种心为产业，由来皆美宅良田。

【译文】

留给儿孙的福分，未必一定是要黄金白银；将修身养性作为功业，永远都会有美宅良田。

【原文】

存一点天理心，不必责效于后，子孙赖之；
说几句阴骘话，纵未尽施于人，鬼神鉴之。

【译文】

存一点天理良心，不必立即生效，但子孙自会赖以受益。说几句公道话，即使没有施善给他人，但上天自会明察。

【原文】

非读书，不能入圣贤之域；
非积德，不能生聪慧之儿。

【译文】

不读书，便不能进入圣贤的领域；不做好事，便不能生育聪明的儿女。

【原文】

多积阴德，诸福自至，是取决于天。
尽力农事，加倍收成，是取决于地。
善教子孙，后嗣昌大，是取决于人。
事事培元气，其人必寿；念念存本心，其后必昌。

【译文】

多做好事，各种福泽自然会来，这是上天决定的；努力耕种，加倍收获，这取决于地的安排；善于教育子孙，后代必然兴盛，是人所决定的。事事培养元气，其人必定长寿；时时存有善心，后代必然昌盛。

【原文】

终日说善言，不如做了一件；
终身行善事，须防错了一件。
物力艰难，要知吃饭穿衣，谈何容易；
光阴迅速，即使读书行善，能有几多。

【译文】

成天说善言不如做一件善事；一辈子做善事，但要防备做一件错事。物质创造是艰难的，要知道吃饭、穿衣都来之不易；光阴似箭，就是读书、做善事又能做多少？

【原文】

只字必惜，贵之根也；粒米必珍，富之源也。
片言必谨，福之基也；微命必护，寿之本也。

【译文】

爱惜纸张，是富贵的根本；节约粮食，是富裕的根源；短短的几句话也必须谨慎，这是福的基础；必须爱护微小的生命，是长寿的根源。

【原文】

作践五谷，非有奇祸，必有奇穷；
爱惜只字，不但显荣，亦当延寿。

【译文】

糟蹋粮食，即使没有出现罕见的灾祸，也必然会非常贫穷；爱惜纸张，不但能显达富贵，而且还使人益寿延年。

【原文】

茹素，非圣人教也；好生，则上天意也。

【译文】

吃素并非圣人所教导，爱惜生命则是上天的旨意。

【原文】

仁厚刻薄，是修短关。谦抑盈满，是祸福关。
勤俭奢惰，是贫富关。保养纵欲，是人鬼关。

【译文】

仁厚或刻薄，是生命长短的关卡。谦虚或自满，是福祸的关卡。勤俭或奢侈懒惰，是贫富的关卡。养生或纵欲，是人鬼的关卡。

【原文】

执拗者福轻，而圆通之人，其福必厚；
急躁者寿夭，而宽宏之士，其寿必长。

【译文】

执拗的人福分少，而灵活变通、不固执己见的人则福分多；急躁的人寿命短，宽宏大度的人寿命长。

【原文】

谦卦六爻皆吉，恕字终身可行。

【译文】

谦卦六爻都是吉祥之语，“恕”字终生都能通用。

【原文】

作本色人，说根心话，干近情事。

【译文】

做人要做真真实实的自我，说话要说肺腑之言，做事要做合乎情理的事。

【原文】

好恶之念，萌于夜气，息之于静也；
恻隐之心，发于乍见，感之于动也。

【译文】

人的善恶念头，于夜深人静时萌生于内心的深处，而平息于静止不动；怜悯之心，萌发于突然看见的那一瞬间，而感动在他的行动上。

【原文】

塑像栖神，盍归奉亲；造院居僧，盍往救贫。

【译文】

塑造佛像，供奉神灵，哪里能比得上回家去孝养双亲？修建寺院，施舍和尚，还不如慷慨解囊去救济穷人。

【原文】

费千金而结纳势豪，孰若倾半瓢之粟，以济饥饿；
构千楹而招来宾客，何如葺数椽之茅，以庇孤寒。
悯济人穷，虽分文升合，亦是福田；
乐与人善，即只字片言，皆为良药。

【译文】

与其耗费千两黄金去结交有权有势的人，还不如倒出半瓢小米去救济饥饿的穷人；与其建造华丽大厦来招待贵宾豪客，倒不如盖上几间茅屋让孤寒之人得以安身。矜怜赈济穷人，即使是一文钱一升米，也是万顷福田；处世与人为善，即便是一字半语，都是治病良药。

【原文】

平居寡欲养身，临大节则达生委命；
治家量入为出，干好事则仗义轻财。

【译文】

平时清心寡欲，保养身体，大事临头，则是性命相托全力去做；治家应量入为出，但做好事时，则应仗义轻财，决不吝惜财物。

【原文】

善用力者就力，善用势者就势，
善用智者就智，善用财者就财。

【译文】

善于用力的人就能发挥力量；善于运用权势的人，就会创造局势、达到目的；善于运用智慧的人，就要用智慧去完成事情；善于管理钱财的人，就要用财富去创造财富。

【原文】

身世多险途，急需寻求安宅；
光阴同过客，切莫汩没主翁。

【译文】

人生多艰难险阻，急需寻求安身立命之处；光阴如匆匆来去的过客，切莫埋没了自己。

【原文】

天下第一种可敬人，忠臣孝子；
天下第一种可怜人，寡妇孤儿。
孝子百世之宗，仁人天下之命。

【译文】

天下最可敬的人，应该是忠臣孝子；天下最可怜的人，应算是孤儿寡妇。孝子为百代宗师，仁人志士是天下的命脉。

【原文】

形之正，不求影之直而影自直。
声之平，不求响之和而响自和。
德之崇，不求名之远而名自远。

【译文】

只要行为端正，不去追求影子正直，它的影子也必然正直。只要声音平和，不去追求声音和谐而音自和谐。只要道德崇高，不求声名远播，其声名也会自然远扬。

【原文】

有阴德者，必有阳报；有隐行者，必有昭名。

【译文】

积阴德之人必然有好的回报，默默做好事，必然有好的名声。

【原文】

施必有报者，天地之定理，仁人述之以劝人；
施不望报者，圣贤之盛心。君子存之以济世。

【译文】

施恩必有回报，这是天地间不变的道理，有仁心的人以此劝说他人；施恩不求回报，此乃圣贤的美好心灵，君子心中存有这种美好的品格以济世。

【原文】

面前的道路要放得宽，使人无不平之叹；
身后的惠泽要流得远，令人有不匮之思。

【译文】

面前的思想要放得宽，使别人不要对你有不公平的叹息；留给后人的恩泽要长远，使人对你有不尽的思念。

【原文】

有工夫读书，谓之福。有力量济人，谓之福。
有著述行世，谓之福。有聪明浑厚之见，谓之福。
无是非到耳，谓之福。无疾病缠身，谓之福。
无尘俗撄心，谓之福。无兵凶荒歉之岁，谓之福。

【译文】

可以拿出一部分时间来读书，有力量帮助他人，有著作流传于世上，聪明而有见识，没有是非，身体没有疾病，没有烦心的事，没有荒年，这些都可以称得上幸福。

【原文】

从热闹场中，出几句清冷言语，便扫除无限杀机。
向寒微路上，用一点赤热心肠，自培植许多生意。

【译文】

在复杂的场合中，说几句公道话，便能使许多麻烦得到化解。对贫困的人，用一点热心肠，就能培养出许许多多的有用之人。

【原文】

入瑶树琼林中皆宝，有谦德仁心者为祥。

【译文】

进入宝山，里面的一切都是珍宝，一个人拥有了谦虚的美德和仁慈之心，就可以称为吉祥。

【原文】

谈经济外，宁谈艺术，可以给用。
谈日用外，宁谈山水，可以息机。
谈心性外，宁谈因果，可以劝善。

【译文】

除了谈论金钱，我们还可以谈谈艺术，我们可受用许多；谈论生活之外，也可以聊聊山水，就可去机巧之心；除了人性之外，也可说些因果报应，这样可以助人为善。

【原文】

艺花可以邀蝶，垒石可以邀云，栽松可以邀风，
植柳可以邀蝉，贮水可以邀萍，筑台可以邀月，
种蕉可以邀雨，藏书可以邀友，积德可以邀天。

【译文】

种植花草能招来蝴蝶，堆些假山假石可招来云雾，种松树可以招风，种柳树可以招蝉，贮水可引来浮萍，搭建高高楼台可揽明月，种芭蕉可邀雨，家有藏书可邀来朋友，积阴德可上青天。

【原文】

作德日休，是谓福地；居易俟命，是谓洞天。

【译文】

修德养性日臻完善就好比身处福地；自甘淡泊随缘由命就是神仙境界。

【原文】

心地上无波涛，随在皆风恬浪静；
性天中有化育，触处见鱼跃鸢飞。

【译文】

一个人能使自己的内心永远保持平和，那么他所到之地都是风平浪静；天性得到教化，则鱼游水底、鸢飞长空的美景随处可见。

【原文】

贫贱忧戚，是我分内事，当动心忍性，静以俟之，
更行一切善，以斡转之；富贵福泽，是我分外事，
当保泰持盈，慎以守之，更造一切福，以凝承之。

【译文】

贫贱也好忧愁也好，都是我的私事，有忍耐之心，静静等待机遇来临，更应该做能做的一切善事，以改变命运；富贵也好，福泽也好，都是我的私事，应该保证安定美满，谨慎守护，更要尽自己所能去造福，使富贵荣华经久不息。

【原文】

世网那能跳出，但当忍性耐心，
自安义命，即网罗中之安乐窝也；
尘务岂能尽捐，惟不起炉作灶，
自取纠缠，即火坑中之清凉散也。

【译文】

我们不能从如网的人世中跳出，忍耐而安于现状，这就是生活之网中的安乐窝；我们不能把世间的俗务丢光，不另起炉灶和自寻烦恼，在火坑之中也得到一丝清凉。

【原文】

热不可除，而热恼可除，秋在清凉台上；
穷不可遣，而穷愁可遣，春生安乐窝中。

【译文】

炎热无法驱除，但烦恼之事可以驱除，清凉的秋意正在清凉台上；贫穷无法排遣，但无尽的忧愁可以遣散，安乐之心充满生机。

【原文】

富贵贫贱，总难称意，知足即为称意；
山水花竹，无恒主人，得闲便是主人。

【译文】

无论富贵还是贫贱，人们都不能满意，若知足就能称心如意；山水花竹等自然美景没有永久不变的主人，用闲适之心观赏的便是主人。

【原文】

要足何时足，知足便足；求闲不得闲，偷闲即闲。

【译文】

每件事情都想得到满足、圆满，其结果总是不能满足，懂得知足常乐的真谛，就会心满意足了；每天都盼望有闲暇的工夫，其结果总是不得闲暇，学会忙里偷闲的妙法，就能悠闲自得了。

【原文】

知足常足，终身不辱；知止常止，终身不耻。

【译文】

持盈保泰，自知满足，屈辱的事情一辈子都不会遇到；留有余地，适可而止，羞耻的事情则终身不会降临。

【原文】

急行缓行，前程总有许多路；
逆取顺取，命中只有这般财。

【译文】

紧赶也好，慢赶也好，人生前程都是这么多的路途；顺拿也好，逆拿也好，命数决定此生就有这些钱财。

【原文】

理欲交争，肺腑成为吴越；
物我一体，参商终是弟兄。

【译文】

公理与私欲论辩争斗，曾经的亲人或朋友都会变成冤家对头；外物和自我混为一体，即使相隔再远也是手足弟兄。

【原文】

以积货财之心积学问，以求功名之心求道德，
以爱妻子之心爱父母，以保爵位之心保国家。

【译文】

用积聚财货的心去积累学问，用博求功名的心去修养品德，用宠爱妻儿，爱护儿女的心去孝敬父母，用保护官位爵位的心去保卫国家。

【原文】

移作无益之费以作有益，则事举。
移乐宴乐之时以乐讲习，则智长。
移信异端之意以信圣贤，则道明。
移好财色之心以好仁义，则德立。
移计利害之私以计是非，则义精。
移养小人之禄以养君子，则国治。
移输和戎之赀以输军国，则兵足。
移保身家之念以保百姓，则民安。

【译文】

节省用于杂事的金钱而用于正事上，那么事业就能进展；把耗在宴会逸乐的时间用在研读学问上，那么才智就能增长；把对异教邪说的笃诚心意用在崇信圣贤上，那么思想就能明晰；把对金钱与美色贪婪无厌的情欲用在讲求仁义上，那么品德就能高尚；把对个人利益得失斤斤计较的私心用在评判是非上，那么道义就能精通；把任用奸佞小人的俸禄用在供养君子上，那么国家就能大治；把为与外族求和而花费的物资钱财用在充实国防上，那么军队就能强大；把保护自己性命和小家庭利益的思想用在保护人民上，那么百姓就能平安顺利。

【原文】

做大官底，是一样家数；做好人底，是一样家数。

【译文】

做大官有做大官的规矩，做好人有做好人的讲究。

【原文】

一时劝人以口，百世劝人以书。

【译文】

对人们用好言好语加以相劝，可以奏效一时；对人们用书籍加以教化，则可以影响百世。

【原文】

静以修身，俭以养德；入则笃行，出则友贤。

【译文】

修身养性要用清静来调剂，培养品德一定要节俭；在家中忠诚践行，在外则使朋友贤良。

【原文】

读书者不贱，守田者不饥，
积德者不倾，择交者不败。

【译文】

读书的人品格不会低下，辛勤耕耘的人不会遭饥饿，积累德行的人行为一定不会恶劣，谨慎选择朋友的人是不会一败涂地的。

【原文】

明镜止水以澄心，泰山乔岳以立身，
青天白日以应事，霁月光风以待人。

【译文】

人的心地应像明亮的镜子、宁静的水面，人格应似山岳般崇高，如同青天白日般光明正大地做事，待人应给人一种清风明月般的感觉。

【原文】

以鲜花视美色，则孽障自消；
以流水听弦歌，则性灵何害？

【译文】

花不能耐久，用欣赏鲜花的态度来欣赏美色，那么迷恋自会消除。悦耳动听的音乐与流水有何不同？听过之后就将其忘掉，为何沉溺其中呢？

【原文】

养德宜操琴，炼智宜弹棋，遣情宜赋诗，
辅气宜酌酒，解事宜读史，得意宜临书，
静坐宜焚香，醒睡宜嚼茗，体物宜展画，
适境宜按歌，阅候宜灌花，保形宜课药，
隐心宜调鹤，孤况宜闻蛩，涉趣宜观鱼，
忘机宜饲雀，幽寻宜藉草，淡味宜掬泉，
独立宜望山，闲吟宜倚楼，清谈宜翦烛，
狂啸宜登台，逸兴宜投壶，结想宜欹枕，
息缘宜闭户，探景宜携囊，爽致宜临风，
愁怀宜伫月，倦游宜听雨，元悟宜对雪，
辟寒宜映日，空累宜看云，谈道宜访友，
福后宜积德。

【译文】

培养高尚的品德应弹琴，锻炼智慧要下棋，排遣情绪宜赋诗，维系活跃的气氛宜饮酒，要明了事务须读史书，得意时宜临摹毛笔字帖，独自一个人静坐时要焚香，一觉醒来最好喝点茶，体验物情宜看画，在舒适的环境中要放声歌唱，观察气候宜浇花，保持身体健康应增进补养，安心宜逗鹤，孤独时宜听蛩音，享趣味宜观鱼，忘心机宜养鸟，探访幽静宜养草，品尝淡味宜掬饮泉水，独自时宜眺望远山，闲暇吟诗宜倚楼，晚上清谈宜点烛，狂啸宜登高楼，有闲情宜饮酒，思考事情宜卧枕，停止交友宜闭门不出，探访美景宜带食物，欲清爽宜临风，排遣愁怀宜伫立月下，游玩归来宜听雨，大彻大悟宜对雪景，避寒宜晒太阳，疲倦之时宜看天空之云，谈天宜访友，使后人享福宜积德。

悖 凶 类

【原文】

富贵家不肯从宽，必遭横祸；
聪明人不肯学厚，必夭天年。

【译文】

富贵人家如没有宽容之心，灾祸必定降临；聪明的人不宽厚，必然会减损寿命。

【原文】

倚势欺人，势尽而为人欺；
恃财侮人，财散而受人侮。

【译文】

倚仗权势而欺凌别人，在失去权势之后，别人也必将欺负他；凭恃豪富而羞侮别人，家财散尽之时，别人也必定羞侮他。

【原文】

暗里算人者，算的是自家儿孙；
空中造谤者，造的是本身罪孽。

【译文】

阴险恶毒，暗算别人的人，最终算计的还是自家的子孙后代而已；造谣生事，诽谤别人的人，其实最终添加了自身的罪孽祸殃。

【原文】

饱肥甘，衣轻暖，不知节者损福；
广积聚，骄福贵，不知止者杀身。

【译文】

一个人肥甘饱腹，轻裘暖体，却不懂得节制奢欲，损福之灾必定降临；一个人广积财富，骄傲蛮横，又不懂得履薄止步，这种人必将遭受杀身之祸。

【原文】

文艺自多，浮薄之心也；富贵自雄，卑陋之见也。

【译文】

自负文才超群而睥睨一切，这是因为心中存在轻浮浅薄的思想！自恃豪富显贵而傲视一切，是因为这个人的人品十分卑劣鄙陋！

【原文】

位尊身危，财多命殆。

【译文】

一个人处于尊显的地位，他的处境是十分危险的；一个人钱财盈门，他的生命就十分凶险。

【原文】

出薄言，做薄事，存薄心，
种种皆薄，未免灾及其身；
设阴谋，积阴私，伤阴骘，
事事皆阴，自然殃流后代。

【译文】

说刻薄话，做刻薄事，存刻薄心，种种都刻薄，自身难免要深受其害；搞阴谋，做不可告人的坏事，损害上天的旨意胡作非为，做任何事都不光明正大，子孙后人必定会遭到报应。

【原文】

家运有盛衰，久暂虽殊，消长循环如昼夜；
人谋分巧拙，智愚各别，鬼神彰瘅最严明。

【译文】

家道的兴衰、长短虽不一样，但都如日夜般轮流替换着。人的智谋有聪明愚笨的不同，但上天扬善罚恶却最为严厉分明。

【原文】

天堂无路，则已有君子登；
地狱无门，则已有小人入。

【译文】

如果天堂有路的话，能够登上去的只有君子而已。如果地狱有门的话，进去的只有小人罢了。

【原文】

为恶畏人知，恶中冀有转念；
为善欲人知，善处即是恶根。

【译文】

做坏事怕人知道，虽坏却仍有希望能够转好；做善事希望他人知道，虽好却不知恶根就潜伏在其中。

【原文】

谓鬼神之无知，不应祈福；
谓鬼神之有知，不当为非。

【译文】

如果鬼神不知人间善恶，祈求赐福就没有必要了；若鬼神能知人间善恶，坏事就不应当再有人去做。

【原文】

势可为恶而不为，即是善；
力可行善而不行，即是恶。

【译文】

有机会做坏事而没有去做，这也是好的行为；有能力做善事而没有去做，这也是坏的行为。

【原文】

于福作罪，其罪非轻；于苦作福，其福最大。

【译文】

生活幸福反而为非作歹，这样的罪恶将更加深重；在贫苦之中仍尽力行善，这样将得到更大的福祉。

【原文】

行善如春园之草，不见其长，日有所增；
行恶如磨刀之砖，不见其消，日有所损。

【译文】

做善事就好像春园中的草，它的生长你虽然看不见，其实每天都在成长。做坏事则像磨刀石般，它的磨损虽然你看不出，其实每天都有损失。

【原文】

为善之人，非独其宗族亲戚爱之，
朋友乡党敬之，虽鬼神亦阴相之；
为恶之人，非独其宗族亲戚叛之，
朋友乡党怨之，虽鬼神亦阴殛之。

【译文】

做善事的人，不仅得到亲族兄弟的爱戴，还能得到乡里、朋友的尊敬，即使是鬼神，也会庇佑他。做坏事的人，不仅会使亲族兄弟姐妹反感，还会遭到乡里、朋友的埋怨，即使是鬼神，也会惩罚他。

【原文】

为一善而此心快惬，不必自言，
而乡党称誉之，君子敬礼之，
鬼神福祚之，身后传诵之；
为一恶而此心愧怍，虽欲掩护，
而乡党传笑之，王法刑辱之，
鬼神灾祸之，身后指说之。

【译文】

做善事心中愉悦，不必自己说也会得到乡亲的赞誉，君子的称道，上天的赐福，死后也会留下好的声名。做坏事心中惭愧，虽想要隐藏，但终究为乡里传为笑谈，不仅法律要惩罚他，上天也会降灾于他，死后也被人唾骂。

【原文】

一命之士，苟存心于爱物，于人必有所济；
无用之人，苟存心于利己，于人必有所害。

【译文】

做官的人如果有泽被万物之心，则百姓受惠。无用的人如果只想着自己的一私之利，则对社会有害。

【原文】

膏粱积于家，而剥削人之糠覈，终必自亡其膏粱；
文绣充于室，而攘以人之敝裘，终必自丧其文绣。

【译文】

家中摆满美味佳肴，却搜刮占有别人的粗劣饭食，这样最终使原有的美味佳肴丧失；室内挂满锦绣美服，却抢夺占有别人的破衣烂衫，最后必将使原有的锦绣美服丧失。

【原文】

天下无穷大好事，皆由于轻利之一念。
利一轻，则事事悉属天理，为圣为贤，从此进基。

天下无穷不肖事，皆由于重利之一念。
利一重，则念念皆违人心，为盗为跖，从此直入。

【译文】

天下令人景仰赞叹的好事很多，成就这些好事的都是因为轻视自身利益；如果对私利看得很轻，在处理各种事务时，都会与天道公理相吻合，人们应从这些事情做起来培养圣贤君子。天下无数使人憎恶切齿的坏事，都是由看重自身利益所导致；如果把私利看得很重，在考虑各种问题时，都会与常人之心相违悖，这些小事都是成为强盗恶棍的开端。

【原文】

清欲人知，人情之常。
今吾见有贪欲人知者矣，朵其颐，垂其涎，
惟恐人误视为灵龟而不饱其欲也。
善不自伐，盛德之事，
今吾见有自伐其恶者矣，张其牙，露其爪，
惟恐人不识为猛虎而不畏其威也。

【译文】

让他人知道自己的清廉公正，这是常情常理，现在我看到有一种人，想让别人知道自己的贪婪，他们鼓动腮颊，垂涎三尺，惟恐别人误认为他是灵龟神物，不食烟火，而不能满足他的贪欲；善良纯正，却不张扬夸耀，这种品德是十分高尚的，现在我看到有一种人，自己凶恶邪曲，却竭力自夸自擂，露出爪牙，面目狰狞，惟恐别人不知道他对人对物如猛虎恶狼一般，而不去畏惧他的威势。

【原文】

以奢为有福，以杀为有禄，
以淫为有缘，以诈为有谋，
以贪为有为，以吝为有守，
以争为有气，以嗔为有威，
以赌为有技，以讼为有才。

【译文】

把生活奢靡看成是洪福齐天，把滥杀无辜看成是俸禄丰厚，把淫乱秽行看成是艳福缘分，把欺诈伪骗看成是足智多谋，把贪婪攫取看成是大有作为，把一毛不拔看成是守财有方，把争财夺利看成是气势如虹，把狂暴嗔怒看成是威风凛凛，把赌博恶习看成是技艺卓荦，把诉讼辩争看成是才能出众。

【原文】

不可信之师，勿以私情荐之，使人托以子弟。
不可信之医，勿以私情荐之，使人托以生命。
不可信之堪舆，勿以私情荐之，使人托以先骸。
不可信之女子，勿以私情媒之，使人托以宗嗣。

【译文】

不要凭着个人情感去推荐那些不可信任的塾师，让别人把子弟托付给他；不要凭着个人情感去推荐那些不可信任的医师，让别人把性命托付给他；不要凭着个人情感去推荐那些不可信任的风水先生，让别人把先辈遗骸托付给他；不要凭着个人情感去为不可信任的女子说媒，让别人把传宗接代托付给她。

【原文】

肆傲者纳侮，讳过者长恶。
贪利者害己，纵欲者戕生。

【译文】

肆意傲慢的人招致侮辱，忌讳过错的人只能使恶习得以助长。贪图私利的人最终祸害的只有自己，放纵欲望的人必将伤害自己性命。

【原文】

鱼吞饵，蛾扑火，未得而先丧其身。
猩醉醴，蚊饱血，已得而随亡其身。
鹚食鱼，蜂酿蜜，虽得而不享其利。
欲不除，似蛾扑灯，焚身乃止。
贪不了，如猩嗜酒，鞭血方休。

【译文】

游鱼吃饵，飞蛾扑火，利益没有得到却使性命先被断送。猩猩喝醉酒，蚊子吸饱人血，得到利益的同时生命也随之丧失。鸬鹚吃鱼，蜜蜂酿蜜，虽然得到利益但却得不到享受。欲望不除，就如同飞蛾扑火，直到把自己烧毁为止。贪心不除，就如同猩猩贪酒一样，不被鞭打出血不会罢休。

【原文】

明星朗月，何处不可翱翔？而飞蛾独趋灯焰；
嘉卉清泉，何物不可饮啄？而蝇蚊争嗜腥膻。

【译文】

明月高悬，星光闪烁，什么地方不可自由飞翔？可飞蛾偏偏要扑向灯火；芬芳的花草，清澈的泉水，什么东西不可吃喝？可苍蝇蚊子却偏偏要追逐那些腥臭之物。

【原文】

飞蛾死于明火，故有奇智者，必有奇殃；
游鱼死于芳纶，故有善嗜者，必有美毒。

【译文】

飞蛾最终葬身于明亮的火光之中，所以聪明过人的人必定会遭受特别的灾祸。水中的鱼死于芳香的鱼饵，所以毒害那些偏好美味的人的东西必定是美味佳肴。

【原文】

慨夏畦之劳劳，秋毫无补；
笑冬烘之贸贸，春梦方回。

【译文】

夏日种田，只是空空感慨其劳苦，像秋天的毫毛般一点用处没有；笑那迂腐之人眼光短浅，如春梦般醒后才能回到现实。

【原文】

吉人无论处世平和，即梦寐神魂，无非生意；
凶人不但作事乖戾，即声音笑貌，浑是杀机。

【译文】

吉祥的人处世平和，即使梦中，也充满着生机；凶恶的人做事暴戾狠毒，在其容貌和言语之间都有杀机潜藏。

【原文】

仁人心地宽舒，事事有宽舒气象，
故福集而庆长；鄙夫胸怀苛刻，
事事以苛刻为能，故禄薄而泽短。

【译文】

一个人若有了仁爱之心，心胸宽广，凡事都有宽舒平和的气象，所以福气聚集而仁泽广泛；一个人或趋于鄙俗，则他的心胸就会狭窄，事事斤斤计较，所以福气浅薄而恩泽短暂。

【原文】

充一个公己公人心，便是吴越一家；
任一个自私自利心，便是父子仇雠。

【译文】

内心公正，即使相隔很远也亲如一家；心存私念，即使是父子也成为仇敌。

【原文】

鱼与水相合，不可离也，离水则鱼槁矣。
形与气相合，不可离也，离气则形坏矣。
心与理相合，不可离也，离理则心死矣。

【译文】

鱼不能离水，离水之鱼必死无疑。人不能离开空气而存活，没有气则形体败坏。心与天理不能分离，失去天理的心必定死亡。

【原文】

天理是清虚之物，清虚则灵，灵则活；
人欲是渣滓之物，渣滓则蠢，蠢则死。

【译文】

天理是清虚的东西，清虚就灵，灵了就长存；而人欲是渣滓秽物，渣滓秽物就蠢，难免最终一死。

【原文】

毋以嗜欲杀身，毋以货财杀子孙，
毋以政事杀百姓，毋以学术杀天下后世。

【译文】

不能因为喜好某种东西或事物而伤害身体，不要为获得钱财而使子孙受害，不因政事害百姓，不打着学术的名义而把祸害留给后人。

【原文】

毋执去来之势而为权，毋固得丧之位而为宠，
毋恃聚散之财而为利，毋认离合之形而为我。

【译文】

不要受来去不定的势力迷惑而追逐权力，不要因官位的得失而争宠不休，不可依恃聚散不定的财货而谋利益，不要着迷于肉体上的自我。

【原文】

贪了世味的滋益，必招性分的损；
讨了人事的便宜，必吃天道的亏。

【译文】

贪图物质一心享受，这样必然会损伤心性；占了人家的便宜，一定会遭到天理惩罚。

【原文】

精工言语，于行事毫不相干；
照管皮毛，与性灵有何关涉！

【译文】

油腔滑调，只在言语上下功夫，这和成就大业是毫无相干的；只管皮毛，做表面文章，和陶冶性情有何关系？

【原文】

荆棘满野，而望收嘉禾者愚；
私念满胸，而欲求福应者悖。

【译文】

田野已经是荆棘丛生，却期待五谷丰登，这种人可以说是愚昧到了极点；胸中充满卑劣的私欲，却祈求吉福降临，这种人可以说是悖谬到了极点。